Es hat sich so angesammelt • Angela Hinz

Entschuldigung

Oft geschrieben wie gesprochen,
das hab' ich für den Reim „verbrochen"

Angela Hinz

Angela Hinz

Es hat sich so angesammelt

Lyrisches Sammelsurium

Edition AVRA

Bibliografische Information der Deutschen Nationalbibliothek
Die Deutsche Nationalbibliothek verzeichnet diese Publikation in der Deutschen Nationalbibliografie; detaillierte bibliografische Daten sind im Internet über http://dnb.d-nb.de abrufbar.

Rheinstraße 46, 12161 Berlin
Telefon: 0 30 / 76 69 99-0
www.frieling.de
ISBN (Print): 978-3-8280-3704-5
1. Auflage 2022
Bildquelle: pixabay

Printed in Germany

INHALTSVERZEICHNIS

IMPRESSIONEN

GEBURTSTAGE

Geburtstage Dienst

FAMILIE

WEIHNACHTEN

Weihnachten Dienst

Weihnachten privat

RATSCHLÄGE

ALLGEMEIN

VERSCHIEDENES

Verschiedenes Dienst

Verschiedenes privat

ABSCHIED

GEFÜHLE

WUNSCH

IMPRESSIONEN

„FASZINATION ANTARKTIS“

Ein Geschenk von ganz besonderer Art
hielt das Schicksal im Januar’92 parat
für Glückskinder, deren Herz nicht verschlossen,
um all die Herrlichkeit auszukosten,
die Wunder zu sehen in vielerlei Weise,
die Traumfahrt gen Südpol – zum ewigen Eise.

Das Schiff dringt wiegend an Orte der Welt,
an denen der Mensch sich schweigend verhält,
der vor Größe und Reinheit der Schöpfung wird still,
wo das Auge nur schauen, erfassen will.

Kolosse aus Eis, filigrane Gebilde
trägt das schimmernde Meer, das mächtige, wilde.
Gletscher, geädert violett, grün, tiefblau,
stellen des Lichtes Reflexe zur Schau.

Blendendes Weiß – nie vorher erahnt –
bedeckt die Felsen an steiler Wand.
Possierliche Herren und Damen im Frack,
korrekt stets gekleidet, im Gleichschritt – zack, zack –
beleben die Buchten, die Inseln aus Eis,
noch ohne Scheu – welch Vertrauensbeweis!

Varianten des Daseins, die der Blick erreicht,
mahnen zu bedenken, dass alles vielleicht
nicht mehr lange geliehen.
Daraus müssen wir ziehen
die Lehre,
dass alles, was lebt mit uns auf Erden,
das Recht hat, von allen geachtet zu werden.

Schwer geht der Atem der hohen See,
die Wellen umtanzen Grotten aus Schnee.
Gläserne Burgen, Tiergestalten
lassen in stummem Staunen verhalten.
Bizarre Skulpturen, Marmorfiguren,
orientalische Gassen,
die als Fata Morgana im Dunstkreis verblassen,
Eisgondeln, Schiffe und Felsenriffe,
Seeungeheuer, Türme, Phantomgemäuer
taucht späte Sonne in mildes Feuer.

Tage, wie im Film vorübergezogen,
bewirken auch in uns haushohe Wogen.
Lasse dich treiben, lös dich von dir,
die Kraft dazu findet sich nirgends wie hier!

Den Urgewalten auf der Spur,
empfindest du Einklang mit der Natur.
Januar 1992, Angela Hinz

Resümee am 20.01.1992

Zweieinhalb Wochen zusammengesessen
bei Morgenatzung und 18-Gang-Essen.
Die Runde, von Fortuna bestellt –
VIER aus der deutschsprachigen, westlichen Welt:

MARGRIT, direkt aus dem SCHWYZERLAND,
hat beizeiten sehr richtig erkannt,
dass als Wellenreiter (zum Beispiel heute)
man kennenlernt recht lustige Leute,
die, falls sie das Futter nicht von sich gegeben,
(ich meine, so direkt aus dem Gesicht,
das Wort dafür sagen, möchte ich nicht)
sich „säuerlich" lächelnd an die Reling begeben.
„Normal" verreisen kann schließlich jeder,
hier zählen die Berge schon ab fünf Meter!

Und erst mal MAX, dieser „stille" Mann,
dessen „samtenes" Auge beredt sein kann!
Auch schielt es auf Süßspeisen reichlich lüstern,
der Blick spricht Bände – ich kann euch flüstern!

ROSI, die LACHTAUBE aus Berlin,
zog's magnetisch mit dicker Freundin hin,
getauft auf den schönen Namen ANGELA,
der Engel – das war von der Mutter sicher ein Fehl(er)a,
ins Reich der PINGUINE und Robben,
voraus ging das Sparen, intensives Jobben.

Dies KLEEBLATT – müsst ihr mal bedenken –
fing an, sich durch Lachen den Bauch zu verrenken!
Das soll gesund sein, hab ich gelesen,

auch beim Schiffschaukeln, das ohne Federlesen
der Captain mit hartem Kurs diktiert,
egal was bis Punta Arenas passiert.

Ja, Seefahrt ist zeitweilig sehr „erhebend“,
wenn nämlich der Kahn sich ächzend und bebend
im freien Fall zum Frühstück übt,
da ist der Magensack betrübt!

Doch kümmert uns das einen Quark,
der „Knopf“ am Ohr macht uns so stark!
Die Teller vor uns und draußen Gischt,
wird uns so manches aufgetischt,
was öfter nicht nach unserer Neese,
der Koch macht viel zu viel Gewese!
Ein Häppchen Ragout nicht zuuu lang toter Tiere,
Küchenzauber gleich mal viere.
Rohe Bohnen, in Nestform! Köstlich! Spinat
á la Seetang, ohne Würze – so richtig schön fad!

Verschaukelt von wahren Wasserfällen,
brechen hier nicht nur die Wellen!
Oho, jetzt lernen wir noch schweben
auf und nieder – wie im Leben!

Nur gut, dass wir alle in dem Boot,
in welchem mit Humor gedroht,
den spießig mehrfach Kleinkarierten,
damit auch sie zu Alliierten
des Frohsinns und der Gaudi werden,
trotz Ernst und Klarsicht hier auf Erden.

Ja, liebe Margrit mit deinem Maxen,
Berliner machen nicht viel Faxen,
manchmal sind die ziemlich ehrlich:
Dass wir uns trafen, ist schon herrlich!
Zum Ende der Reise, das viel zu frühe,
sagen euch beiden herzlich goodbye:

(Rosi und Angela)

Mond über dem Golf von Mexiko

Als Achtel nur des Monds, der sonst vertraut zu sehn,
beleuchtet fahl er dunkle Flut, neigt sich zum Gehn.

Was nie ein Auge je in unserem Kreis erblickt –
mit wie zur Tarnung vorgehaltener Scheibe er verrückt
am Firmament fortan die festgelegte Bahn.
Den Himmelsbrüdern, klaren Sternen,
wird unausweichlich sacht er sich entfernen.

Des Einzelgängers stille Reise berührt das Herz
auf wunderbare Weise.
Erahnen lässt am Horizont ein Streifen „schwarzes" Rot
der mächtigen Sonne Niedergang, des Tages Tod.

Hat vielleicht dort, wo nun der Himmelsbrand
zerflossen,
Gott selbst ein bisschen Frieden über diese Welt
gegossen?

Anna Maria Island

A. H.

Pfaueninsel

– Mittagsfrieden –

Sonne brennt auf braune Gräser,
sachter Wind bewegt die Blätter,
leise, leise, will nicht stören,
fast ist nichts vom Wald zu hören,
Wasserhühnchen lockt im Schilf,
Rohrspatz schilpt: „Gefahr droht, hilf!"
Grillen schaben ihre Flügel,
Sommerton von Feld und Hügel,
Libellen schwirren schillernd-bunt
über Röhricht-Wiesengrund.

Boote halten Mittagsschlaf,
von fern ein friedlich blökend Schaf
und ein matter Hahnenschrei
dringt her von der Meierei.

Träger Frosch müht sich zu quaken,
gibt es auf, fängt lieber Schnaken!
Schmetterlinge, buntbeflügelt, lautlos,
gaukelnd seh ich dort,
Pfauenklagen tönt vom Schlosse,
hörbar noch an fernem Ort.

Wolken sind herbeigeeilt,
haben locker sich verteilt,

um – es reicht nicht allerenden –
etwas Schatten doch zu spenden
der arg durstenden Natur –
wenn auch vorübergehend nur!

Von längst vorbeigezogenem Kahn
bewegt kaum hörbar eine Welle
sich auf die stille Insel zu;
sie rollt ganz flach und leise aus
und fügt sich in die Mittagsruh.

A. H.

Der „schwarze“ Brunnen auf der Pfaueninsel

Uralter bemooster Brunnen aus Granit – schon aus etlicher Entfernung vernehme ich Dein erfrischendes Plätschern!
In der Sonne – teils gläsern und silbern glänzend – quillt, sich teilend, das Lebensnotwendigste über den obersten Rand und fällt hinab zur nächsten Stufe, um von dort spritzend und glitzernd auf die begrünten Sockel zu springen!
Durch den Aufprall stieben in Sonnenstäubchen und Diamanten verwandelte Wassertropfen in das fast ohne Übergang ruhige, kaum bewegte, vom Farbecho der Natur dunkelgrüne Becken, das von Baumriesen – meist von Eichen und Buchen – umfriedet, gefasst in Palmen und Canna, in flirrender Hitze Kühle spendet jedem, der sich von schattiger Bank in das alte Bild vertieft.

Sattsehen kann ich mich daran nie!
In jedem Jahr zieht es mich zu Dir, schwarzer Brunnen, auf der zauberdurchwobenen Pfaueninsel, Verdeutlichung all dessen, was ständig fließt und wie alles Irdische oft in scheinbar gleicher Form verharrt und doch unaufhörlich sich verändert.
Ort der Ruhe, der Erquickung für den Menschen als Ganzes – für Körper und Seele.

Panta rhei

Immer noch träumst du im Havelsee, bewaldetes Eiland, du atmest Lenné.

Das Schloss, das verträumte und wunderbar weite Ausblicke gewährt, die farbenfrohe Gärtnerei und herrliche Anlagen, die schillernden Pfauen, deren schrille Rufe bis weit auf dem „Festland" vernehmbar sind, die gemütliche Meierei, die Heide und … ja, der alte „schwarze" Brunnen, der rastlos von fernen Zeiten schwatzt, der dich fragt: „Warum wohl besuchen sie mich? Haben sie in ihrer Eile ganz vergessen, dass sie Ruhe suchen? Die vielen Menschen, die, ohne sie wahrzunehmen, laut gestikulierend an der herrlichen Natur vorbeirennen, sie stören nur!

In kühler Säulenhalle des kleinen griechischen Tempels die blumenbekränzte Büste der schönen jungen und von allen geliebte Königin Luise, in weiter Amphore rankende, leuchtend blaue Blüten, die still die Weihe dieses Ortes hüten. Davor ein Schilfmeer, das sich träge in der Mittagshitze wiegt, Grillen, vereinzelt Vogelstimmen, lichtdurchfluteter Wald.

Zum Kladower Ufer hin fliegen unzählige Graureiher von ihrem paradiesischen Refugium auf, einige wachen auf längst leblosen, kahlen hohen Bäumen, die nicht einmal mehr ihre schützende Rinde tragen. Im Hintergrund vielfältiges Grün von Bäumen, Buschwerk und Schilf, von glitzerndem Wasser umgeben – eine gewachsene Naturkulisse. In Richtung Meierei grasen nun seit ca. zwei Jahren im Sommer Wasserbüffel, die im Brandenburgischen auf dem Gut des Journalisten Moor bzw. seiner Frau gezüchtet werden (sowie die edlen Galloway-Rinder), um das Gras kurz zu halten.
Ab und an vorüberziehende Lastkähne erinnern daran, dass es den Alltag noch gibt – die Segelboote dagegen lassen keine Zeit erkennen, sie gleiten oder schaukeln anscheinend schwerelos und frei – Inbegriff des Sichtreibenlassens.

Mai

Duftdurchtränkte Maienfluren,
Kuckucksnecken in der Au,
junge Entlein eifrig rudern,
Dotterblumen, Himmelsblau!

Lerchenjubel, Gräserwinken,
Gänseblümchens Bad im Tau,
Pferdewiehern von der Wiese,
Meisenzwitschern, Luft – so lau!

Über allem flutet Sonne,
badet die Natur im Licht,
lädt uns ein, dran teilzuhaben!
Selbstverständlich – ist das nicht!

Das Kornfeld

Grüne seidenweiche Ähren
wiegen sich in schwerer Fülle,
bergen langsam reifend Frucht
in der wunderbaren Hülle.

Schmiegsam folgen sie dem Wind,
stellen sich dem Strahl des Lichts,
Saat und Ernte zeitlos sind,
Brot im Wandel – aus dem Nichts!

Sturm und Hagel beugten sie,
aufgerichtet neu zum Tanz,
bald mit purem Gold gewandet,
auserwählt zum Erntekranz!

Zwischen Halmen lodert Mohn,
zündet Purpurflämmchen gerne,
weiß um Harmonie längst schon
mit dem Blau der Kornblumsterne.

Margeriten, Klee und Winde –
alle, alle wiegen sie
sich in farbensattem Reigen
zu der Sommermelodie.

Herbst am Wannsee

Muntere Wellen, ewig kräuselnd,
lecken an dem gelben Sand,
möchten ruhn nach Sommers Treiben
endlich an dem alten Strand.

Schilf lässt trockene Halme wogen,
wo es Kahn und Schlauchboot barg,
die noch einmal ausgezogen,
zu nutzen froh den Sonnentag.

Golden schimmern herbstlich Blätter
zwischen Bunt und letztem Grün
und der Sonne mildere Strahlen
Funken auf den Wassern sprühn.

Über allem spannt der Himmel
sich in seidenblankem Blau,
Möwen gleiten futtersuchend
durch die Luft, die klar und lau.

Herbstwind singt in weißen Segeln,
Boote treiben ohne Zahl,
nahe graue Zeit nicht ahnend,
und die Welt lacht noch einmal!

Der Wald

Die prächtigste Pforte zum höchsten Dom
in jahreszeitlicher Vielgestalt
ist seit der Kinderzeit mir schon –
der Wald.

Mit seinem Rauschen, Wipfelflüstern,
dem wundersamen Zauberlicht,
das sich in Blatt und Gräsern bricht –
viel bunter als in tausend Lüstern!

Ein Diamant – aus Tau geboren –,
Bestandteil nur vom Feuermeere,
er glänzt zu seines Schöpfers Ehre –
von Morgenlichtflut auserkoren.

Wer's will, der hört –
befreit von aller Alltagsnot –,
es spricht mit mächtigem Worte
leise Gott.

Die Möwe

„Parr, parr", spricht die Möwe und strebt sodann
den Luftstrom zerteilend den Himmel an,
nutzt Aufwind zum Gleiten – so elegant –,
lässt rasch zurück Watt, Meer und Sand.

Ihr kluges Auge hat behalten
Erleben von Naturgewalten,
kennt Springflut, Hagel, Regenbogen,
wenn der Zenit ist zugezogen
von mächtigen, schweren Wolken, Stürmen,
die Gischt und Wellenberge türmen,
die stille Ebbe, starke Flut –
dann wieder Abendsonnenglut!

Die Nahrung erspäht sie, tief da unten!
In blitzschnellem Sturz ist sicher gefunden
das Fischlein, der Krebs – was sonst noch geeignet,
die Kräfte zu stählen, um schlagend und schwebend
die Schwingen zu breiten,
dem glitzernden Meer aus seinen Wellen,
die vor Leben und Urkraft überquellen,
im Sonnenlicht gleißen, vom Wind gekräuselt –
im Fluge, darauf tanzend, den Schatz zu entreißen!

Lebensbejahend, Stolz in der Gebärde,
löst sie den Zuschauer selbst von der Erde,
er folgt ihr begeistert, wird unsagbar leicht,
erkennt plötzlich, wie er den Himmel erreicht!

Winterstimmung

Klirrend splittert unter Stiefeln
Eis, das in der Sonne glitzert,
und in feuerroter Dämmerung
kalte, klare Luft erzittert.

Dampfend zieht der Atemnebel,
wird als warmer Hauch noch schwebend,
als die Spur, die uns begleitet,
Phantasiegestalten weben.

Einsamkeit hüllt weiße Fluren,
Enten ziehen schnatternd Kreise,
Ruhe strömt verschlafener See,
schließt uns in die Winterreise.

GEBURTSTAGE

Beck I

Des Lebbe spielt ei'm viele Streiche –
jetzt kannst dei Abbeit net erreiche,
dieweil des Beinche zwickt und zwackt,
obwohl dei Doktor zugepackt!
Die Hex, die hat zu arch geschosse –
trotzdem sei nu mal net verdrosse,
die schwere Zeit geht a mal um,
da humpelst froh zum Klinikum.
Da kannste widder tüchtich renne,
Bakterien beim Name nenne,
die Wässerche, die goldne teste,
auf alle möglich „miese" Reste.
Kei Tröpfche wird dabei verschütt!

Mehr weiß ich net – verlass mei Bütt –,
noch kurz des ei – des is das Best:
HELAU zum heutisch Wiechefest!

Beck II

Nu soll ick wieda mal wat dichten!
Mir fiele schon wat ein – mitnichten!
Höchstens wat momentan Spezielles,
weil da leider een Fall aktuell is!
Ick hab da jelesen, „Adelchen“ Geck
(det is ’n Druckfehler:
die Kleene heeßt BECK!).

Zu wat denn für ’m Anlass, ist die Frage:
Na, GRATULATION zum besonderen Tage!
Der fiel aber in ne dustre Zeit – ach …
Det war ooch nu soon richtijer BUßTACH!
O b w o h l –
een Jeburtstach mal im Bett,
wär normalerweise nett!
Wenn man denn erst janz spät erwacht,
det Frühstück ist bereits jemacht,
die Dienstbefliss’nen kann man loben,
wat Leck’ret wird ei’m vorjeschoben!

Da lässt se nun sich nich verschrecken,
det Tischchen mag erneut sich decken.
Es werde aus dem schwachen Esser
ganz bald ’n richtich kleener Fresser:
Die Kräfte möjen wieda sprießen,
um wat von NÖTHLING zu jenießen!

Wir wünschen nun – und det is wahr –
ein segensreiches neues Jahr
(mit ausjesprochen froher Mimik),
Ihre „FAMILIE“ in der Klinik.

Der KALENDER
zeigt
NOVEMBER.

Stille Zeit, Beginn zu frieren
und … Frau BECK zu gratulieren!

Besonderer Tag mit Nummer 18
ließ ein biegsam Bäumchen wachsen,
das sich Lebensstürmen beugte,
dadurch Widerstand erzeugte.

Nach jedem NIEDER
kam ein AUF!

Dass das so bleibt,
da trinken drauf:

Na denn – zum Sechzigsten!

Befragt nach deinen Lebenstagen,
kannst du heut' gelassen sagen:

„EINUNDZWANZIGTAUSENDundNEUNHUNDERT"!
Da ist dein Publikum verwundert!

Zum Gratulieren stehn bereit
rundherum ganz liebe Leut,
die alle gute Wünsche bringen,
„HOCH!" zum Jubiläum singen!

Weil unser kleiner „KUGELBLITZ",
der putzend durch die Klinik flitzt,
MUTTER DER STATION – F A K T O T U M,
erreicht zum EHRENTAG ein Votum (!),
das andre schier erblassen lässt,
haben soll ein tolles FEST!

Bleibe trällernd auf dem Sprung,
nach Dienstschluss flott, im Herzen j u n g,
die Blicke voller Schalk und Blitz –

Oh LERCHE du, von KATTOWITZ!

Mit Lappen, Eimer, Besen, Mopp?

Was rennst du denn nun noch hier rum
und trittst dir deine Haxen krumm?
Reichts nicht, dass deine Händ' verbogen,
dieweil du hier herumgezogen
mit Lappen, Eimer, Besen, Mopp?
Das halt' ich doch nicht aus im Kopp!

Gönn' deinem Körperchen bald Ruhe,
für dich allein bald nur noch tue,
was Freude macht – nur schöne Sachen!
Anstrengen darfst du dich – beim Lachen!

Zweiundsechzig Jahre auf dem erprobten Rücken,
sollst du dich nicht mehr für fremde Leute bücken!
Nun raff' dich auf! Es reicht! Husch, husch!
Darauf von uns ein kräftiger TUSCH!

Maxe

Nun ist Max Schmälzle auch schon fünfzig!
Trotz der Prognose – nicht so günstig.
Da hat er schon toll was erreicht!
U N D wenn er nun noch schliche
und seine eigene Schuld begliche,
dass er nicht noch mehr „pfündig“ würde,
bezwänge er die höchste Hürde!
Die besten Wünsche zum Gelingen,
die außerdem noch Freude bringen
in der nächsten Lebenshälfte(n),
das hoff’ ich am April, dem elften.

NOTSTROMAGGREGAT

Wer zwangsweis' spielt „nur" zweite Geige,
darüber keinen Unmut zeige!
Man fragt sich stumm, wie es denn wär
ohne Sie im Orchesteeer?

Grad wer vom Schicksal oft geschlaucht,
wird häufig letztlich sehr gebraucht!

Die Lage wär' oft sehr prekär,
wenn da nicht stets zum „Rückgriff" wär',
der gut im „Schnitt" und dienstbeflissen!
Die andern wären aufgeschmissen,
stünd' nicht für Ernstfälle parat
bewährtes „NOTSTROMAGGREGAT"!

Der sechste Januar ist da!
Grund zur Trauer? Zum Hurra?

Egal, wie andere das sehn,

wir hoffen, dass der Tag werd' schön!
Die besten Wünsche hierzu sind's

von

PIGORSCH
EISEMANN
und
HINZ

BÄRBEL

Begleitet in des Südens Wonne –
zu Käse, Kefir, Wein und Sonne –
ein Vorgeschmack der künftigen Freuden,
um die man Sie könnt glatt beneiden!

Von der Akropolis bis Zeus,
viel Sehenswertes – und schön heiß!
Ein Urlaub! Traum und Phantasie!
Doch Vorsicht: Freun s' sich nicht zu früh!
Ich denk nur bei der langen Zeit:
Hab'n Sie sich vielleicht ausgefreut?

Darob Sie denken: „Alte Pute!"
Macht nichts, ich wünsche alles Gute!
(Aus lauter Furcht vor Ihrer Rache
ich deshalb einfach Urlaub mache!)

Und von fünf Frauen außerdem
viel Segen denn zum FÜNFZIGSTEN!

Eisi

Wen samstags sein GEBURTSTAG trifft,
hat Pech, kriegt nicht zur Zeit sein „Gift“,
der muss geduldig sein, nicht quengeln;
dafür die Gratulanten drängeln
sich gleich am nächsten Arbeitstag,
holen die Gratulationscour nach!

Inzwischen könnten wir zwar denken:
„Mag ihr der Tag viel Freude schenken!“
Ob’s wirklich auch so eingetroffen
(ob sie recht lustig – gar be…?),
das werden wir genau erst wissen,
wenn sie die Dienstflagge wird hissen!
Sie reagiert bestimmt nicht sauer,
durchrieselt von ’nem Wonneschauer,
wenn sie entzückt zum Tagwerk drängt,
(das „bäuerliches“ Teamwork schenkt)
pünktlich und mit beglückter Miene!
Ein dreifach HOCH der EISI-BIENE!!!
(gebrüllt, was nur die Stimme hält)
von einem Teil der Arbeitswelt:

Das FERNWEH

Sehr lange hieß das Reiseziel erst RUSSLAND.
Weil sich in Luft und Boden „Ruß“ fand,
ist von dem alten Plan man abgekommen,
hat BORNHOLM ins Visier genommen.
Wie oft im Leben rinnen Wünsche in den Sand.

Das FERNWEH – Richtung östlich – weiland
werd’ nun gestillt auf diesem EILAND:
Es zieht die EISI auf die Insel,
die oft gelobt mit Wort und Pinsel.
Vielseitigkeit der Landschaft preisen
selbst Leute, die gern sehr viel reisen!

Wir wünschen unbeschwerte Tage,
im Herzen Sonne – ohne Frage!
Vom Wetter her auch STURM und BRANDUNG,
Teilnahme an Naturverwandlung!

Durch all’ dies soll sie Kräfte sammeln,
was nicht beinhaltet nur GAMMELN!

Damit sie kennt die Möglichkeiten,
muss sie sich sehr gut vorbereiten,
studieren dieses Buch vom Fach,
um später nicht zu denken: „Ach,
ich hatte mir so viel erträumt,
mein STECKENPFERDCHEN aufgezäumt.“
DASS DIESES DORT GERITTEN WERDE!
Wie schön ist noch ein Großteil Erde,
die Herrlichkeit, die nicht zerstört!
Wohl dem, der noch die Schöpfung „hört“!

Heimgekehrt nur windgeküsst (?),
wie das wohl auch richtig ist (?),
freut sie sich (aber g e n a u!)
auf das HU-LAND(-B U R E A U).

Ein Schicksal, das zufrieden macht

Wer optimistisch jede Lebenslage meistert,
trotz allem sich für Sinn und Inhalt dieses Seins begeistert,
dem möge ganz getrost die überlegene Kraft für weiteres Leben schenken –
für etwa hundert Jahre (möcht ich denken) –
ein Schicksal, das zufrieden macht und heiter!
Viel, viel Glück, erträgliche Gesundheit … und so weiter!

Ruth

Der Tag, absichtlich totgeschwiegen,
bringt heutige Fete zum Erliegen.
Das war gewollter Sinn und Zweck,
doch retuschiert sich niemand weg,
wenn ihm das auch das Liebste wäre –
sogar noch nach dem Tag der Ehre!
Wir kommen trotzdem angekrochen –
zu sechst – doch nicht auf allen Vieren –,
um wenigstens zu gratulieren!
Jeder von uns geht gebückt,
weil ihn die Last der Wünsche drückt –
gedacht jeweils für ein Jahrzehnt.
Weiterhin sei hier erwähnt,
dass nochmal für die gleiche Zeit
SEGENSWÜNSCHE stehn bereit!

... Pech

Beste Wünsche – in Verbindung mit dem Baujahr der Mimose –
gingen, wie es keiner wollte, letztes Jahr glatt in die Hose!
Deshalb grüße ich „nur“ herzlich –
so auf Abstand – mit ’ner Rose,
hoffe, viel Zufriedenheit für die
„olle“ (Herbst-)„Zeitlose“!!!

Bruhn

Wer freudig strahlend gibt Kollegen
allmorgendlich den „Tagessegen“,
der Sonne aus sich selber bringt –
trotzdem es drin und draußen „stinkt“,
von Umwelt, die oft trist verhangen
die Wolken fortschiebt ohne Bangen,
dem wünscht man herzlich – frohen Mutes –
auch selbst was ganz besonders Gutes!

Zur zweiten Lebenshälfte – ganz besonnen –
hat’s „Schicksal“ still ein Netz gesponnen,
in das man immer wieder fällt –
weil Einsicht und Erfahrung zählt!
Wir nennen’s „Glück“
(ja, wie auch immer – von Höherem kommt her der Schimmer).

Dies mög’ symbolisch Sie begleiten –
ein Huftier tat’s verlier’n beim Reiten.

Alles Gute!

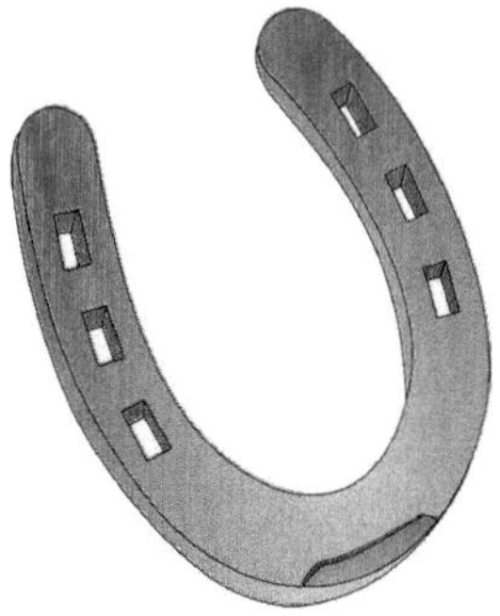

Altes Haus wird wieder jung!

SIE ist MUTTER von D R E I SÖHNEN!
Doch keiner wird IHR FEST verschönen,
weil Fernweh zog sie all' hinaus
(was trotzdem gut – so wird was draus!)
nach CHINA gar und nach AUSTRALIEN –
für niedere Bürger Anomalien.
Dem einen reicht die Familie nie
zu stellen sie unter Regie!
Nun fand für ihn besonderen Reiz
ein Kunstpalast beim Nachbarn SCHWEIZ.

Doch: Mutter ist ja kaum allein,
HANDWERKER gehen aus und ein,
zu bringen Grundbesitz in Schwung:
Altes Haus wird wieder jung!
MAURER, KLEMPNER, TISCHLER, MALER,
kaum erträglich für Bezahler!

Wo sie nun sooo toll malen kann,
was stellt sie nicht die Leiter an,
veredelt kraft geschickter Hände
nicht selbst nicht anschaubare Wände?

So kann man nur an all dem Tünchen
weiter Lust und Freude wünschen!
Und: dass ein Ende absehbar!
Darauf rufen nun hurra!!!:

Braband

Erneute „PFLICHT“ seit einigen Tagen,
nochmal gereimt „GLÜCK AUF!“ zu sagen.
Das weitet sich schon aus zum Drama
für einen „Imgedächtniskramer“!
So zog ich erstmal einen Flunsch
bei dem Gedanken an den Wunsch!
Mir wird so einfach „streng befohlen“,
von irgendwo Ideen zu holen,
sie um in Worte dann zu setzen,
und diese sollen auch noch „fetzen“!

Am Ende des Jahres muss nun „uns allen“
dazu eine Neuformulierung einfallen –
für GUTE WÜNSCHE – was man da so sagt –,
ach, das ham wa leider schon alles gehabt!

Mein Gemüt muss sich erhitzen:
Mir fallen ein „BRABAN(D)TER SPITZEN“!
In diesem Fall ganz falsch gedacht –
Herr DUDEN hier Sperenzchen macht!
Ich habe mich nun soo geziert –
von dieser Schreibweise schockiert!
Das nützt halt alles nichts, Frau Hinz,
auch nicht mit belgischer Provinz!
A b e r das mit der BRABACONNE,
das, denk ich, könnt ich nehmen schon!
Bedeutung: Hymne national –
die wär doch was in diesem Fall!

Wir hoffen für sie alles Schöne,
mit diesem Festtagsschmaus der Töne!

Lasst uns trotz allem etwas scherzen!
Der Elefant spuckt auch vor Freude HERZEN
für ein „ergrautes“, stilles Wesen,
das freundlich stets und gut gewesen –
auch zu ihm anvertrauten Kranken,
sie werden manchmal heimlich danken!

Geplagtes HERZL stimme froh
der Beipack von Herrn LORIOT!

Ihre dienstliche Umwelt:

„Krone“

Wer’s heutzutage nicht mehr schafft,
wie einst, der Gläser mehr zu leeren
mit prickelnd-gelbem Rebensaft,
der dazu neigt, schäumend zu spritzen,
sollt’ diesem nicht gewaltsam wehren,
den Rest mit dieser „Krone“ schützen.

Keine Fete

Der Tag, an dem ’s GEBURTSJAHR nun VERDOPPELT,
woran der guten Wünsche viel gekoppelt,
mit großer, kleiner oder keiner Fete,
so, wie’s jedwedem grad belieben täte –
mit Brimborium oder leise –,
anklingt die Geburtstagsweise!

Fortunas Bote auf der Margeriten
wird nun zur Polonaise bitten,
die angeführt von den „Kollegen“,
versammelt extra desterwegen!

VIER JAHRESZEITEN

Ein Päckchen, das es in sich hat:
Klangfarben von klar bis matt:

VIER JAHRESZEITEN, gerafft in Tönen,
sollen gestresste Ohren verwöhnen!
Und da wir umseitige Zeit nun haben,
soll sich das Auge auch „bildlich" laben
an Winterlandschaft, dick verschneit.
Schöne, stille weiße Zeit!

Den ZU(C)KERMAN(N)
und auch den -STERN
hat jeder ja zur Weihnacht gern!
Im Tee wärmt würzig-heilend MIN(T)Z(E),
PERLMA(N) erfüllt geheime Wünsche,
begleitet von „viel Harmonie" –
diesmal aus ISRAEL kommt sie!

Ersehnt wurde auf einmal „four seasons"
aus ganz bestimmten „enjoyment reasons".
Die Freude hält an noch viel, viel später –
dafür sorgt eigens ZUBIN MEHTA!

Viele Herzen machte froh
des ITAKERS ANTONIO
kostbares Tongebilde: gemütbewegend,
spontan die Phantasie erregend,
die Seele streichelnd –
wundersam zu Frieden gereichend –,
Erhabenheit in Ton und Wort!
Konzertgewölbe – heiliger Ort!
Der Mensch schwingt in der Sinfonie –
so empfiehlt sich V I V A L D I!!!

– Gratulation Pigorsch –

Orangenbäuchlein trällert froh vom Ast,
die Situation exakt erfasst,
den Glückwunsch voll herausgepfiffen
der Koryphäe, die hat begriffen,
wie man bedient den Apparat,
der öfter seine Tücken hat.
Ein Bedienungsfehler? Nee? –
der Spukgestalt, genannt PC!
Sie hat viel Mucken überlistet
mit Geduld, die kaum befristet.
Mit Pfiffigkeit und Tüftelsinn
geht sie in die Materie rin.
Da braucht auch keiner rumzukritteln,
sie kann ihr Wissen gut vermitteln
an Leute, die sich brav bemühen,
bis ihnen bald die „Backen“ glühen,
nicht etwa weil der Stuhl so heiß,
nein, dies geschieht durch Spaß am Fleiß!

Den Schnabel nochmal rasch gewetzt,
damit das Ständchen richtig fetzt,
nicht weil der Blütenbaum so morsch,
es dreht sich nicht um Specht noch Storch.
Nach kleinster Dosis Alkohol
„pfeift“ es schon fröhlich, auf Ihr Wohl!

„ATLAS“

Wer Spielchen treibt mit dem Wort „ATLAS“,
je mehr er überlegt, entdeckt das:
Es kann sich mannigfaltig wandeln,
um gänzlich neuen Sinn dann handeln!

Zum Beispiel Nordwestafrika:
Da gibt es ein GEBIRGE gar,
das wurde nicht von Himmelsziegen,
von Menschenfüßen schon bestiegen.

Weil wir schon so weit oben sind –
es ist bekannt fast jedem Kind –,
dass die Bezeichnung ist dieselbe
für hohen HIMMELS blau GEWÖLBE!

So auch das GEO-KARTENWERK –
nicht etwa auch ein Gartenzwerg –,
nein, ganz im Gegenteil: ein RIESE,
der so mit seinem Namen hieße.
Es wird geraunt, dass er die Welt
auf den Athletenschultern hält.

Ist er verletzt, ein Mensch wird mürbe(l).
Es handelt sich jetzt um den WIRBEL,
den ersten, der uns sitzt am HALS,
Funktion – sehr wichtig jedenfalls.

An Kostbarkeiten hier im Leben
fehlt es auch nicht an den GEWEBEN,
die unwahrscheinlich „seidig“ strahlen –
der kleine Mann kann’s kaum bezahlen;
der spart’ im Altertum für Ablass
und nicht für wohldrapierten Atlas!

Geworden zum Begriff zum Schluss,
da ich nun nicht mehr grübeln muss,
ist mit zum Wohle der Patienten
unsere RÖNTGENASSISTENTIN!

Nun hab ich wohl mein Soll erfüllt,
das Blatt mit Wörtern vollgefüllt,
genug Gedanken konzipiert
und mit Bedeutung wohl jongliert.

Zur Reise mit dem Campingwagen
wollen wir beste Wünsche sagen!
„GUT ROLL“ in Richtung nach NORWEGEN!

(die kollegialen Nervensägen)

Küchengerät

So manches Mal im Leben fehlt
dem einen Glück, dem andern Geld.
Was dir kann fehlen, ich kann's nicht wissen,
doch wirst auch du so manches missen.

Um dies im Kleinen abzuändern,
ging ich bei Karstadt etwas schlendern
und suchte nach 'ner kleinen Sache,
die den Alltag etwas leichter mache.

Gar mancher Vorschlag ward „gestriche",
doch dies hier sei nun für die Küche
gedacht, so als Gedächtnisstütze,
vielleicht ist sie dir etwas nütze.

Die Kleinigkeiten sind's im Leben,
die ei'm die nötige Freude geben;
dazu gehört das Kochen auch –
wie glücklich macht ein voller Bauch!

Wenn Nudeln, Honig, Zwiebeln fehlen,
muss man sich mit dem Nachschub quälen –
ach ja, der Käse ist auch alle!
(Er sei nicht fett, sonst piept die Galle.)

Wenn man mit Vorrat gut versorgt,
mit Wein vom Glück ein Stündchen borgt,
dann ist der Mensch bestimmt hienieden
so recht mit seinem Los zufrieden!

Letzteres wünscht jemand
aus der Nachbarzelle!

Rita

Ganz herzlich werd ich dein gedenken,
möcht' dir viele Blumen schenken,
die Aug' und Nas' mit Farb' und Düften
erfreu'n, wenn ich hoch in den Lüften
in 'ne andere Welt entrücke,
dich gedanklich ganz fest drücke!

Einen ganzen Arm voll Blüten
(„Renata" mög' sie lange hüten!)
würd' ich gerne selber bringen,
dir dazu ein Ständchen singen!

Alle meine Segenswünsche –
auch für erträgliches Befinden –
möchte ich durch bunte Schleifchen
mit der pastellenen Pracht verbinden!

Die blauen Traubenhyazinthen
unten von der Basis winken,
gestützt von Primula veri gelb und rosa,
repräsentiert perfekt, „famosa",
mit leuchtenden Sternen die Narziss',
ist ihrer Wirkung sich gewiss.
Das Team der Hyazinthen – rosa, blau –
stellt auch stolz seine Pracht zur Schau.
Die Kelche – lila, gelb und weiß –
der Tulipane winken leis,
stehn fast ganz hinten, sehr bescheiden,
sie mögen dich besonders leiden!
Umrahmt von zarten Pfirsichzweigen,
die in Verehrung bald sich neigen!

Gott schenkte dir ein reiches Leben,
du durftest sooo viel Liebe geben,
Wärme – in so kalter Zeit!
Es gratulieren sicher viele –
mit Freuden und in Dankbarkeit.

Alles Liebe zum Geburtstag,
und bitte, vergeben Sie mir das „dichterische“ Du.

LEBENSSTÖßE

Vor fünfzig Jahren, da begann
ein pralles Leben für ’nen Mann,
der hart an der Karriere baute,
nicht links, nicht rechts – nach v o r n e schaute.
Zum Glück nicht nur Ehrgeiz und Streben
bestimmten dies erfüllte Leben.
Dazu, oh Graus, wer möchte das schon,
vier Achtel verbrachte die arme Person –
und das freiwillig und eisern, ohne Schmaus –
täglich und nächtlich im KRANKENHAUS!

Nicht nur dass die UNI einladend „lacht“,
ist, was das Leben lebenswert macht:
Wenn hier manches schiefläuft,
er wird’s uns beweisen –
wenn es ihm hier stinkt,
geht er einfach auf REISEN!
Und das macht weitere drei Achtel aus,
der Rest reicht für den Trubel zu Haus.

Es gibt überall Querelen,
’s erübrigt sich, sie aufzuzählen.
MIT ihm hat stets die Frau gekämpft,
die SEINE LEBENSSTÖßE dämpft.

Für den Patienten geht es weiter –
erfolggekrönt, die Stirne heiter,
mit Garantie kommt auch der Tag,
an dem er „Pferde“ wieder mag!

So bleibt die Achterbahn in Schwung,
der „Lebensmuskel“ fit und jung!
Es soll ein Weilchen noch so bleiben!
(Das geht auch beim NICHTÜBERTREIBEN!)

Um Kästner noch kurz zu zitieren,
muss ich das Versmaß korrigieren:
„Das Schicksal wird ihn weiter äffen,
zuschlagen, wie es immer schlug,
ihn müssen noch viel Schläge treffen,
bevor DER SCHLAG trifft!“ – So, genug!

Mein Gott, das wurde aber schmerzlich,
die Strophen dreh’n wir schnell zurück!
Wir gratulieren alle HERZLICH
und wünschen weiterhin VIEL GLÜCK!
Dieses EREIGNIS werd’ begossen –
fünfzigmal SALUT geschossen –,
’ne große FEIER muss schon sein!
(Der Meinung sind die Damen – im Alphabet von A bis T –
und
HEYEN).

ERFOLG

Da ist mir eben eingefallen,
dass morgen werden Korken knallen
zum Jubiläum hier auf Erden,
das festlich soll begangen werden.

Gesunder Körper, wacher Geist
ist alles, was „Bedeutung“ heißt.
Wenn dann noch Wohlstand ist dabei,
ERFOLG im Tageseinerlei,
dann ist zu nennen sicher klug,
der selbst zufrieden sagt: „Genug.“

Damit dies Glück weit überboten,
zusätzlich schütteln viele Hände
„Geladener“ und anderer Münschen,
um zusätzlich noch mehr zu wünschen.

Und
ferngesteuerte Grüße sind’s
postvermittelt

von

Angela Hinz

ENERGIE

Wer FREUDIG noch sein Werk verrichtet,
trotzdem es in den Gliedern gichtet,
nutzbringend oft die Zeit vernichtet,
dem wird der Fleiß nicht angedichtet!
Dem geben wir für künftig mit
den Wunsch für ruhig-festen Tritt
und viel Gesundheit allezeit!
Die ENERGIE erhalten bleib!

GEBURTSTAG
Aus abgeklärter Sicht

Schon wieder diese Art von Rechnung –
als Feieranlass so beliebt,
die im Grunde eine Täuschung,
die dir sagt, wie lang's dich gibt!

Resümee von Gut und Böse
mit Besinnung und Trara,
mit Kerzenlicht und Mayonnaise,
verziert mit Blumen und … Blabla –

schön verpackt mit Band und Schleifen.
Wie du's redlich dir verdient,
wird dich heut ein Glückshauch streifen,
weil sich's schließlich so geziemt!

Ja, man mag dich auch ganz gerne,
zündet Wunderkerzen an:
Um die Nase sprüh'n dir Sterne,
die niemand jemals fangen kann.

Ist das Flimmern jäh erloschen,
sinnst du nach dem tollen Stieben.
Ach, die Welt ist nicht bei Groschen,
doch Kurioses lernt man lieben.

Dein Ballon der Zukunft steigt,
angefüllt mit bunten Träumen –
wie der Blick durchs Fernrohr zeigt –,
Lebensfreude, kaum zu zäumen!

Von Wirklichkeit sanft wachgerüttelt
gewahrst du, dass sie dich geneckt!
Ein bisschen bist du doch betüdelt,
was schäumt, ist nur im Kelch der Sekt!

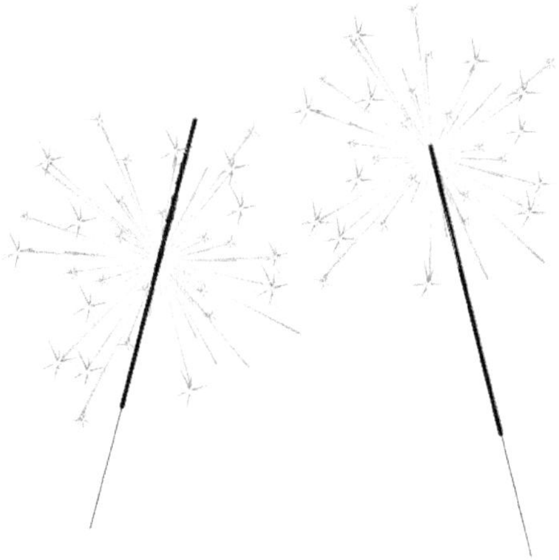

Unsere OMI – ein PHÄNOMEN!!!

Die JAHRESZAHL muss man geschrieben sehn!!!

105 (Einhundertfünf)

Das mache man sich klar,
wie viel erlebte Geschichte das war!
Im Jahre 08 – aber 1900,
kein Wunder, wenn sich da einer wundert,
begann der Start:

In frühester Jugend der Krieg war hart,
es war der erste, unvorstellbar, nicht der schwerste!
Ein Irrsinn auch die Folgezeit
mit Inflation, Revolution, Parteienstreit.
Es gab keine Arbeit, gar nichts mehr!
Wo nahm man damals DIE KRAFT NOCH HER?
Mit den Dreißigern zog neues Unheil herauf,
man nahm es mit Hoffnung „gerne" in Kauf.
Aber was der Welt nun drohte – ein einziges Grauen!
Es zwang Abermillionen das Inferno zu schauen.

Danach Zusammenbruch, Tod, Jammer,
Ruinen, Deutschland unter'm Hammer!
Gebot der Stunde: Heldenmut!
Anpacken hieß es, dann wird es gut!
Bestätigt diese These: LEBEN!
Man musste, konnte aufwärts streben!
Die Leidensepoche ist überwunden,
das Vaterland kann stetig gesunden.

Nun auf in frohere Gefilde!
Ob „man“ jetzt ’ne Familie bilde?
Natürlich – erst als Braut zu seh’n,
wie ist die OMI wunderschön!
Sie mussten wohl nicht lange grübeln,
wie’s geht mit Mädeln oder Bübeln?
Des Clanes Wachstum hat begonnen
mit Liebe, Arbeit und mit Wonnen!

Der OMI wurde nichts zu viel (dachte mancher),
sie spielte einfach dieses Spiel,
bediente die Sippe so manches Mal,
die fleißige Biene,
spielte es mit Pokermiene.

So flogen die Jahre – Gott tönte die Haare!
Mit Kohlenschleppen, Putzen, Wäsche
sprang sie in die familiäre Bresche,
dazu noch Kochen und „Lochstickerei“,
da gingen die Stunden fix vorbei!
Und dann die Enkelchen, die lütten, süßen,
krabbelten zu ihren Füßen!
Später wurde erzählt und gelesen
(auch die Leviten?) und Märchen?
Gut ist es gewesen!

Die Silberhochzeit war erreicht!
Wie lange sie noch mit ihm schleicht?

Unbedingt noch zu erwähnen
(sie muss sich nicht schämen)
ist eine Laune der Natur!
Da muss man staunen: Sie hat an den Händen zwei grüne Daumen!
So prächtig wurden sie ihr angehext,
dass bei Berührung einfach alles wächst!
Sie liebt die Schöpfung und ihren Garten,
lässt kein Pflänzchen auf Wasser warten,
Kennt kleinste Dosierung schließlich auch,
die ein florales Wesen braucht:
Säen und Ernten ohne Ende, das schafften die gesegneten Hände.
Ableger mutierten zu Büschen und Bäumen,
da konnte manch Gärtner nur von träumen!
Schnittlauch stand da: verwunderte Blicke!
Er wuchs so protzig – in Bleistiftdicke!

Mit dem Garten, der wohlbestückt, hat knappe Zeiten sie überbrückt.
Eingeweckt, getrocknet, gekocht – dafür hat sie die Umwelt gemocht!
Sie war auch bei den Nachbarn beliebt, ja, so ist das,
wenn man ehrliche Zuwendung gibt.

Für Omi und Opa so weit:

Sie durften GOLDENE HOCHZEIT begehen
und auch noch das DIAMANTENE FEST bestehen!

Nun wurde es stiller,
ein reiches Leben ist fast erfüllt,
die Höhen und Tiefen sind enthüllt.
Die Zeit ist leise fortgeschritten.
WIR wollen dich nun alle bitten,
nimm an den Dank für deine Güte
und dass Gott dich stets behüte!

Alles Liebe!

Hommage zum neunzigsten Geburtstag

Viele Jahre sind vergangen,
seitdem ein Leben angefangen,
das durch Freude und durch Schmerz
wachsen ließ Humor und Herz.

Manche Hürde wurd' genommen,
unverdrossen forsch geschwommen
auf des Lebens breitem Strom –
Erfolg, Beliebtheit sind der Lohn!

Du blickst zurück auf ferne Zeiten,
erinnerst dich an Einzelheiten,
an Menschen, die dir teuer waren,
ans Herz gewachsen mit den Jahren.

Du hast geholfen – stets und allen,
tatest jedem 'nen Gefallen,
hast uns verwöhnt aus eigenem Garten!
Dein Wohlergehen? – Konnte warten!

Du hast aus Küche, Freiland, Keller
gefüllt noch jeden leeren Teller,
ob wohlgegart, ob tiefgefroren,
der Sippe ging rein nichts verloren!

Alles bestens schon parat,
damit's bequem die Jugend hat,
Kaninchen – fertig schon gebraten –,
das waren deine Heldentaten!

Jeder durfte zu dir kommen,
hast für ihn dir Zeit genommen,
warst die Zuflucht für die Seelen,
konntest Märchen traut erzählen,

den Enkelkindern, die geborgen –
die Eltern mussten sich nicht sorgen!
Wir sind zu deiner Ehre hier!
Wir lieben dich, wir danken dir!

Du weißt heut, es war vieles gut,
vor allem fehlte nie der Mut!
Das möge auch, du sollst's erfahren,
so bleiben in den nächsten Jahren!

Gesundheit viel vor allen Dingen
möge dir die Zukunft bringen,
dein Leben soll noch Freude machen,
du sollst auch oft und herzhaft lachen!

Jetzt kommt für dich der große Clou:
Wir trinken dir mit Jubel zu!
Erreiche munter auch die Hundert!
Hier gibt es keinen, den das wundert!

Prost!!!

Das Herz für Jugend bleib erhitzt

Zufällig es sich so ergab,
dass wir erfuhr'n von einem Tag,
der stets im Februar sich jährt –
und Feiern war noch nie verkehrt!

Ganz plötzlich kam die Schrecksekunde,
man blickt verdutzt so in die Runde:
Schon wieder ist ein Jahr vorbei?
Das ist doch wohl ein dickes Ei!

Wie war denn so das letzte Jahr?
Wir hoffen: nicht der Wunder bar.
War's nicht so gut, soll sich das legen,
um Witz und Weisheit gut zu pflegen.

Auch mangle weiter niemals Charme
(wie mancher ist daran so arm)!
Das Herz für Jugend bleib erhitzt,
das eine Ohr diskret geschlitzt.

So wünschen wir, wie's Brauch zum Feste,
von allen Dingen nur das Beste!
Die Gratulanten laufen Sturm,
erobern keck den Lister Turm.

Viel Glück!!! (Das ist ja nicht verboten.)
Heut schüttelt man so viele ... Hände
zum Dank für Freundlichkeit und Einsatz
eines besonders netten Heimwarts.

Steinhäger, Calvados lasst kreisen
(nur um die Stimmung zu enteisen).
Wir alle stoßen kräftig an!
Auch Johny mit Äffchen und Johann.
Zu umfangreich ist der Verein,
sonst kämen wir heut' gern mal rein!

Sein Sie gegrüßt!!!
Für diesmal nehmen wir den Hut up!

Ein dreifach Hoch!

(e. V. der FAN- und Penn-Club)

Dickhäuter

Ein Leben frei von Widrigkeiten
ist nur bestimmt gewissen Leuten –
die ahnen nicht, wie schön es ist,
wenn man den Kummer mal vergisst!

Wer abgebrannt und ausgeraubt,
trotzdem noch an das Gute glaubt,
der auch dann noch das Schöne sieht,
zur Klassik gar auf's Wasser zieht,
der hat noch lange nicht verspielt –
auch wenn der Teufel noch so schielt!

Dass trotzdem alles gut bald geht,
das Arbeitskarussell sich dreht
(nur keine Bange, das geht glatt
für den, der Lebensgeister hat!),
dass es so ist, hat sich bestätigt,
als Räuber sich im Heim betätigt.
Es bildete sich dicke Haut,
die einem letztlich keiner klaut.
Das neue Lebensjahr wird fein!!!
Ich wünsch's von Herzen,
Rosi(K)lein.

(Moral:
Ein Krebs, zum Dickhäuter verwandelt,
hat mit dem Glück klug angebandelt!)

Evchen

HEUT zählst du 65 Jahr!
Ein feiernswerter Tag – fürwahr!
Es drängt dir vieles ins Gedächtnis.
ERINNERUNG – ein gut' Vermächtnis.

Es hat dein Schicksal dir gegeben
ein arbeitsreiches, „liebes“ Leben,
denn wohlgeborgen von den Deinen
konnte das Ärgste so schlimm nicht erscheinen.

Ein guter SOHN an deiner Seite,
der jugendfroh dich lang' begleite!

Heut' wollen wir dich auch beglücken
und dich an unser Herze drücken,
an das du uns gewachsen bist –
wie das bei werten Menschen ist!

Dabei ist nun herausgekommen,
wie du dem Umschlag hast entnommen,
ein ziemlich kleines Stück Papier,
bestimmt zum Kunstgenuss-Pläsier!

Wir sollten was zum Sitzen schenken.
Jetzt musst du etwas um nun denken.
Ein Polsterstuhl ward bald gefunden,
wenigstens für fast zwei Stunden.

Auf PAVAROTTI erst fixiert –
nur kurz vom Radio inspiriert –,
versetzt in Taumel diese Stadt,
die durch ’nen „ZAUN Berühmtheit hat,
wollten wir nicht zu lange warten:
Entschluss zum Kaufe einiger Karten.

Da ungewiss Waldbühnenwetter,
sitzt es sich da doch sicher netter
im Dom der großen Harmonie,
im Zirkus KARAJANI?

Wir hatten doch grad’ AVUSRENNEN,
da schien im Hirn ein Licht zu brennen,
in memoriam alter Namen
der Großen, die zusammenkamen.
Da werd ich dir nun blitzschnell zeigen,
dass wir im Stand sind, umzusteigen
auf einen anderen großen CHAMPION,
der gleiche Klasse hat, na? Kennst den?
Hörst du den Namen wohl? – CARRERA(s)?
Ich, doppelsinnig Star-Verehrer,
hört’ heulende Motoren singen –
so auch von schmelzend-schönen Dingen –,
die nun der Übermensch uns spendet,
ein Stück vom Paradies entsendet.

Erfüllt von schönsten Melodien
magst du durchs weitere Leben ziehen!
Folgejahre mögen haben
parat für dich nur gute Gaben!
Weil FROHSINN beste Arzenei,
sei davon stets genug dabei!
GESUNDHEIT, REISEN durch die Welt,
keine Sorgen, immer GELD!
Du sollst dich sehr oft richtig freuen!

Das wünschen dir deine Getreuen:

Elvi,
Rosi,
Angela.
Dreimal hoch, hipp, hipp, hurra!!!

Johanna

Viele Jahre sind vergangen,
seitdem ein Leben angefangen,
das durch Freude und durch Schmerz
wachsen ließ Humor und Herz.

Manche Hürde wurd' genommen,
unverdrossen forsch geschwommen
auf des Lebens breitem Strom –
Erfolg, Beliebtheit war'n der Lohn!

Du blickst zurück auf ferne Zeiten,
erinnerst dich an Einzelheiten,
an Menschen, die dir teuer waren,
ans Herz gewachsen mit den Jahren.

Du weißt heut, es war vieles gut,
vor allem fehlte nie der Mut!
Das möge auch, du sollst's erfahren,
so bleiben in den nächsten Jahren!

Gesundheit nun vor allen Dingen
möge das neue Jahr dir bringen,
dann schaffst du's auch mit einem Bein,
das X sagt, statt schön grad' zu sein!

Du sollst noch viele Reisen machen
und noch recht oft und herzhaft lachen!
Du mögest lange fröhlich humpeln,
Glückwunsch von deinen beiden Kumpeln!

Gratulation

Die pastellene Blütenpracht
wurde nur für dich erdacht!
In der einstigen Branntweintonne
entfaltet Lotos in der Sonne
seine schimmernd-weißen Sterne,
grüßen dich sehr lieb von ferne!

Hortensie und der Rittersporn
stehn Spalier, zwar nicht ganz vorn,
denn Tausendschönchen und Cosmea
fanden sich hier ein schon eher!

Alles strahlt und feiert dich!
Versteckt, dahinter, hab ich mich,
denn: Ich davor – das wäre schmerzlich!
Grüßen kann ich aber herzlich!
Sei an meine Brust gepresst!
Dass dich Fortuna nie verlässt!
In deiner Nähe mag sie wachen!
Dein Leben soll viel Freud' dir machen!

Liebe Astrid!

Wie du hier siehst (die Nacht durchwacht),
hab ich Gedanken mir gemacht!
Hochgerechnet und gegrübelt –
„in memoriam scholae“ noch beflügelt,
Wahrscheinlichkeiten viel erwogen,
wo nötig Wurzeln auch gezogen,
Dividenden, Divisioren quollen mir bald aus den Ohren,
Minuenden, Subtrahenden – verwandelt unter meinen Händen,
Unmengen Quotienten bald gefunden,
mit Multiplikanden neu verbunden!
Die Summe aller dieser Zahlen
ergab sich denn aus Seelenqualen.
Nicht allein die Mathematik
war's Schleuderbrett zum höchsten Peak!

Nun ist exakt der Tag gebannt,
der für dein Leben so prägnant.
Zu dem ich wünsch' dir alles Gute –
auch Elvi, hoffend, dass die Post sich spute –,
an dem du schlüpftest, kleiner Schneck!
Du krochst ganz tapfer deinen Weg –
mit Fleiß und Eifer … und so weiter.

Das muss die Welt jetzt gleich erfahren!
Das war genau vor vierzig Jahren!

Kriech stetig weiter ohne Schleimen,
sei fröhlich, glücklich – Jahr für Jahr.
Lass stets ein bisschen Hoffnung keimen,
nimm alle kleinen Wunder wahr!

(Tuste ja!)

Liebe Astrid (II),

Ich wünsch' dir zum Geburtstag alles Gute!

Der Ausspruch aller positiven Adjektive meiner Wünsche
benötigt immerhin eine Minute!
Du weißt, wenn ich das sage, ist was dran,
denn Pingeligkeit schlug mich in ihren Bann.
Hab's mit der Stoppuhr ausprobiert, falls du die Probe machst,
und spöttisch deinen hübschen Mund verziehst – und lachst!
Es wird dir sicher schwer, die lobesvollen Wörter auch zu finden,
drum werde ich sie dir als triftigen Beweis aufzählen,
aus Übermut – jedoch von hinten!
(Nicht etwa, dass ich dir den Rücken kehre,
das blüht nur Menschen, die ich nicht verehre!)
Du kannst ja deren Folge gar ich nicht wissen!
Gell? Bin ich wieder mal gerissen?
Nun stellt die Frage sich, ob schnell, ob langsam?
Pathetisch? Oder ... wie von Wolfgang Gruner vorgetragen,
so, wie in seinen besten Tagen?
Na los, wir machen jetzt den Test!
Jetzt schiel auf deine Uhr, halt die Sekunden fest!
Also: Werde oder bleibe immer wohl am ganzen Leibe,
gut zu Fuß und niemals wund,
wohlgenährt, dabei nicht rund,
züchtig, tüchtig, reich und glücklich,
blitzgescheit und hilfsbereit,
menschlich, fleißig und ehrgeizig,

im Herzen jung, auch optisch,
es bleibe dir erhalten stets der Schwung.
Besonnen, heiter und erfahren,
weise wie nach hundert Jahren,
wohl zu leiden, zu beneiden,
ohne Zagen, nicht zu schlagen!
Fröhlich, schmusig, reiselustig;
Unbekümmert und zufrieden mit dem lieben Ehegespons!
Ja, was bleibt denn da noch sonst?
Es könnte einen Stein erweichen,
wenn die Wörter noch nicht reichen!
Wie ist eine Minute lang!
Fünfundvierzig … – Gott sei Dank.
Eventuell sprech' ich am Ende doch zu schnell?
Der Zeiger zieht sooo träg die Runden!
Was kann ich noch sagen in fünfzehn Sekunden?
Na gut: Dann verlier nie den Mut!
Lass die Gefühle überwallen!
Sei du die Sonnigste von allen!
Hab weder Schmerzen, weder Trauer,
es treffen dich nur Wonneschauer!

Erfüllt, das selbstgesteckte Soll,
ist die Minute endlich voll!
Zum Bersten nur mit Gutem, toll?

Nun grüße alle deine Gäste
und feiere recht froh und feste!

Karen

Ein Tag wie jeder andere – oder nicht?
Die Zahl der Tage fällt schon ins Gewicht!
Einundzwanzigtausendundneunhundert
stellst du fest und bist verwundert!

Du denkst bestimmt zurück (im Zorn?)
nicht nur, doch lieber sieh nach vorn!
Das Miese geht nicht rückzuwandeln,
doch in der Zukunft kannst du handeln!
Vergangenheit wird nun verklärt
und Schönes hat sie auch beschert!
Ganz wesentlich z. B. der Sohn,
sehr rar ist sowas heute schon!

Ich weiß von dir fürwahr nicht viel,
doch was ich herzlich wünschen will,
ist viel GESUNDHEIT, FROHSINN, LIEBE,
damit fängst ab du alle Hiebe,
die dir dein Los verpassen will,
mit sechzig duldest du nicht still!
Du läufst zwar nicht so häufig Sturm.
Dich ködert nicht der schönste Wurm!
Du tust halt viel mit mehr Bedacht,
bist nicht so ganz schnell aufgebracht,
brichst kopflos nichts mehr übers Knie –
oder … tatste sowas nie?
Um „sonnenärmere“ Phasen zu versüßen,
will ich – wenn's sündhaft auch –
mit winzigen Köstlichkeiten grüßen,
Mit 36 Minihäppchen schlägst du genüsslich
dem Verdruss ein Schnippchen!

Verbring' den Tag recht froh und frei
mit lieben Leuten auch dabei!

Du hast mit Freude stets gerackert,
dich engagiert und flott gebaggert,
dass man dich brauchte, gab dir Kraft,
so hast du alles wohl geschafft.
Doch jetzt genieße an allem dich freu!
Du hast es verdient! An jedem Tag neu!

Du hast so einige Schwarten geknackt,
gelockert, dass es nicht mehr so zwackt,
hast Bindegewebe gestrichen, Fett geknetet,
da haben die „Opfer" verzweifelt gebetet!
Da hast du einfach drauf gepfiffen,
kräftig in den Po gekniffen!
Geballte Kraft in voller Aktion,
die Horrorgeschichten kennt man schon!
Der berühmte Klaps hinten drauf –
das wird gleich besser, das hört bald auf!
Es darf keiner mucken, Entrinnen gab's kaum,
es nutzte kein Ducken!
Was dir da in deine Mangel kam
an Rücken, Armen, Beinen, Ärschen –
du bliebst der Sieger im Gebrechenbeherrschen.

Zugutehalten muss man dir doch:
Allen Geschundenen geht's gut! Sie leben noch!
Sie trauern dir nach, sie vermissen dich!
So steht's in der Zeitung – das spricht für sich!

Steinbach

Ein Tag wie jeder andere – oder doch nicht?
Wer geht da mit Jahren so hart ins Gericht?
Sylvia, geboren im Jahr 65,
wird heute nicht etwa inzwischen sechzig?
Nein, nur die Hälfte – das sind mal gerade 10 950 Tage,
an denen sie ernsthaft schleppt jedoch,
erstaunt ist: „Was, ich lebe noch?“
Sie hat schon lange Altersprobleme –
ihre Umwelt konstatiert das mit Häme!
Geschlüpft unter des Steinbocks klaren Sternen,
wollte sie sich schon mit zwanzig entfernen,
doch sie musste das Leben weiter ertragen
mit allen seinen offenen Fragen!
Hat sie auch nur einen Hauch geahnt,
was das Schicksal für sie längst angebahnt?
Ich sage ihr nicht: „Es kommt immer dicker“,
ich kenn’s aus Erfahrung – bekam machen „Zwicker“.
Doch durch viele Hürden gelangt man zu Würden.
Ihr Sternbild, prädestiniert zum Kampf,
zum Erklimmen der Höhen – stets unter Dampf;
auch ist sie zuweilen entsprechend stur!
(Und dies im Sinne der Ausdauer nur?)
Zum Stein gesellt sich dazu die Härte
(damit nicht zerbrechen die inneren Werte?).
Nein, auch gegen sich selbst ist sie hart,
hat Disziplin mit Korrektheit gepaart.

Trotz dieses Kraftakts und festen Mutes,
tut sie sich selbst damit sehr viel Gutes?
Und der Herr Pessimismus ist auch kein Segen
als treuer Kumpan … und Zorn auf Kollegen!

In zarter Jugend erworbene Tugend der Arbeitsmoral!
Mit Mühe von morgens frühe AZUBI-FANAL!
Das war schwierig! Des Lernens begierig wurd' viel
gelesen!
Es wuchs das Wissen um Tricks und Klippen –
der Vorstoß gelang ins Personalwesen!

Um schwungvoll zu lösen vielerlei Spannung,
dachte sie, zu deren Verbannung
seien sehr geeignet Bewegung und Rhythmik,
vereint mit orientalischer Eleganz.
So verschrieb sie (zum Privatgebrauch) ihren Bauch …
dem (Bauch-)Tanz!
Nun rüttelt und schüttelt sie alle Probleme,
dass kein einziges mehr zum Festsetzen käme!

Die Erfüllung ihres Wunsches stellte sich ein!
Sie wollte bis dreißig verheiratet sein!!!
Sie fand den rechten Mann, na aber!
Er ist geboren als Araber,
kommt aus zerrüttetem Libanon –
von dessen Schönheit hörte man schon!
„Der ganze Hickhack ist doch Käse,
dachte sich Ahmat, der Libanese!

Die beiden wollen sich nicht „zwisten“!
Na also, es geht doch mit Moslems und Christen!

Nun lernt sie eifrig seine Sprache –
und er spricht Deutsch – Ehrensache!

Ein Herzenswunsch bleibt nun noch offen,
ich will mit ihr inbrünstig hoffen,
dass in absehbarer Zeit
ein winziges Menschlein kräftig schreit!

An Astrid!
Um seelische notierte Wogen
in memoriam festzuhalten,
fühlte ich mich halt bewogen,
sie dir treulich zu verwalten.
Was du mir anvertraut hast – lange schon –,
ruht wohlbewahrt im Schuhkarton.

SILVESTER 1945

Auf dieser Welt – wie auch im All –
begann so vieles mit ’nem Knall.
Die Welt hat – Jahre – unverdrossen
sich vorbereitend „eingeschossen“
auf ein Ereignis nach dem Krieg:
Dem jungen Leben blieb der Sieg!
Trotz bittrer Not und manchem Schmerz
kam da doch ein Silvesterscherz!
Es zweifelten die lieben Leute:
„In dieser schweren Zeit noch Freude?“
Energisch quäkte dieses Bündel!
„Wie soll ich stopfen nur das Mündel?“,
hat Mutter sicher oft gedacht
und dann das Wunder doch vollbracht.
Es forderte so mit Gewalt
der kleine Schreihals Unterhalt,
er hat sich trotz „Naturgewalten“
und durch die Urgewalt erhalten.
Zurückzurufen diese Zeit,
ist dieses Kind auch nicht bereit,
nur ein, zwei Pfündchen zuzunehmen –
es ahnt nichts von Figurproblemen!

Heut’ wurde nun dies Menschlein vierzig!
(Schau immer wieder hin – du irrst dich.)
Doch dem Kalender schenke Glauben –
blitzschnell kann er die Jahre rauben!
Hier aber merkt man nichts davon,
das ist fürwahr ein KNALLBONBON!

Uli

höchste Zeit, um nun zu frieren
und
ULI STRUNK zu gratulieren!

Ja, was soll ich denn dem Menschen
zum …sten GEBURTSTAG wünschen?
Das, was jeder brauchen kann:
Also, jetzt mit A fängt's an:
ARBEIT, die dich stets erfreut,
denn du bist keiner von „die" Leut',
die leben können ohne „PUZZELN"!
(Zwischendurch mal ILS'CHEN busseln!)

FRIEDEN und FREUDE für dich und die Umwelt
und dann auch gleich
G für GÜTE, GLÜCK, GELD.
Das wichtigste G steht für GESUNDHEIT,
damit du hast viel von wenig FREIZEIT!

HUMOR ist sowieso vorhanden,
du kannst so manches SCHERZCHEN „landen".

IDEALISMUS – auch für Kollegen –,
um Freude zu machen, „GRAUE ZELLEN" sich regen!
Und
ILS'CHEN, na klar, na selbstverständlich,
für sie ist deine Liebe verschwendlich!

K – wie KUMMER – habe NIE,
doch wiederum genug an „KÜMMEL"
zu zeitweiligem Besuch im „HIMMEL".

L wie LIEBE hast du genug,
und
politisch keine QUALEN
bei den allernächsten WAHLEN!

WUNDER, jeden Tag ein neues,
und dass dir das GLÜCK stets treu ist!

Für herrliche Dinge und Reisen ZEIT –
für geruhsame Jahre – harmonisch zu zweit!

Bleibe laaange guter Dinge,
zehnmal „HOCH“ ich für dich singe!
Feiert fröhlich mit HURRA!
(Die ganze Sippe ist doch da?)
Grüße alle!!!

Angela

Franz

Befragt nach deinen Lebenstagen,
kannst du heut gelassen sagen:
„EINUNDZWANZIGTAUSENDUNDNEUNHUNDERT"!!!
Da ist dein Publikum verwundert!

Zum Gratulieren stehn bereit
rundherum dir liebe Leut',
die alle Glück und Segen bringen,
„Hoch!!!" zum Jubiläum singen!

Was soll ich diesem cleveren „Münschen"
zum sechzigsten Geburtstag wünschen?

GESUNDHEIT an der ersten Stelle!
Alsdann erscheine im Gefälle
ZEIT, um zu leben! SCHACH, niemals matt!
HARMONIE mit der Umwelt, beim Skat GUTES BLATT!
Dass nachts er GUT SCHLAFE, nicht zählt endlos
Schafe,
die HASEN brav fressen. Wie stets – LECKERES ESSEN,
wofür seine GISELA garantiert!
Und dass die HAXN ihm wieder pariert,
wenn dampfend er steile Strecken bezwingt
und danach im Männerchor bayerisch swingt!

Du hast letztlich alles – stelle ich fest,
womit es sich trefflich leben lässt!
Aus diesem Grunde schenk ich ganz wenig –
doch viel an ideellem Werte:
den sogenannten „EWIGEN PFENNIG",
damit der KOKS nie alle werde!

Im Jahr 1369 schlug die Stunde der Prägung
und damit – verständlich – die Namensfestlegung.

Auf dem Avers einer Münze als erster Bär
gibt er symbolisch Beständigkeit her.
Doch Wunder! Da entfährt mir … ein Lacher!
Auf der „Backside“ ein bewährter Wittelsbacher,
als „Otto der Faule“ damals bekannt,
regiert’ er acht Jahre Märkisches Land.

Da frag ich mich aber: „Was hat denn nun
ein Faulpelz mit stetiger Löhnung zu tun?“
Ich weiß nicht einen (bekenn ich verstohlen)
wie besagten Agronomen mit Riesenwuchsknollen.

Der diesen Pfennig als ORDEN erhält,
hat mit FLEIß und ELAN sein Umfeld bestellt,
GEACKERT, die richtigen FURCHEN GEZOGEN,
vom SCHICKSAL nicht zu leicht gewogen,
die FRÜCHTE DER ARBEIT im herbstlichen Glanz!

Drauf kreisen die BECHER!!!
AUF DICH, LIEBER FRANZ!!!

Zweimal vierzig Jahre

Nicht zu fassen!
Wie hast du sie nur sausen lassen!
Eben waren wir noch Kinder,
nun ist es Herbst des Lebens, noch nicht Winter!
Die Jahre gefüllt mit sooo viel Geschehen,
schwerem und gutem – das muss man gestehen.
Mit dem Ehrgeiz der Jugend und Schaffenskraft,
dem Partner(in) des Lebens, hast du alles geschafft!
Dazu die Kinder, die Lebensfreude,
die Wahrung der Werte, des Glückes – bis heute!
Der Rückblick erfülle dich letztlich mit Dank –
wenngleich die Zukunft macht dich bang!

Nun sollst du nicht dein Schicksal hassen,
trotz allem dich heut feiern lassen!

Zunächst von mir:
Mit besten Wünschen schwer beladen,
will ich dir viel Gutes sagen!
Stilles Glück und kleine Freuden,
die dir erleichtern deine Leiden,
sanfte, warme Sonnenstrahlen,
Kraft an allen neuen Tagen!
Zufriedenheit: Ihr seid zu zweien,
Gewissheit, nicht allein zu sein!
In allen Lebenslagen Mut!
Dann wird nicht alles – vieles gut.

Das ist’s was ich erhoffen will,
und bin nach meinem „Vortrag“ still.
Ich drück dich – klar, halt nicht so doll!
Dein Ehrentag wird wundervoll!

Grüß alle angereisten Lieben –
die „Kuhsine“ hat geschrieben!

Starkes Weib

Ein Blick auf das Kalenderblatt
zeigt mir, dass heut GEBURTSTAG hat
(es sind der EHRENTAGE achtzig!!! –
wer sie so frisch und froh sieht, fasst's nicht
und wird des Besseren belehrt),
begreift, wer heut wird hochverehrt:

ERNA RATTHEY – das PHÄNOMEN,
dem ganz Deutschland Spalier wird stehn!

Sie wird sich der verdienten Ehren
doch nicht versuchen zu erwehren?
Sie hat, wie kaum andere – als Seelengewinn –,
das Dasein angefüllt mit dem Sinn,
der stets an Hilfe ist orientiert,
damit im „Umfeld" nichts passiert,
was durch Engagement verhindert,
doch ihre SCHAFFENSKRAFT nicht mindert!

Wie ist sie gern mit heiterem Wesen
für alle Nöte da gewesen
und gab mit ihrer festen Art
den Halt, den's Leben abgespart
den etwas schwächeren Zeitgenossen,
denen es spielte Tragödien und Possen,
als hätt' sie nicht schon früh erfahren
Zeiten, die sooo bitter waren,
voll Angst, so schwer – am eigenen Leib,
doch das gereicht zum „STARKEN WEIB"!

Aus Vaterhauses warmem Schoß,
aus der Geborgenheit entspross,
genährt durch einen „guten Saft“,
für alle spätere Schwernis KRAFT!

Nun, da sie sooo weit vorgedrungen,
das große HERZ voll Lob besungen,
sei auch vom Himmel heut erfleht,
dass es ihr immer gut nur geht,
dass die GESUNDHEIT bleibt erträglich
und die Finanzen auch erklecklich!

Für „kleine Schwächen“ sei parat
das „DOPPELHERZ“, mal früh, mal spat!

Mein Wunsch: ein bisschen weniger Plage.
Viele „leise“ Herbstestage,
die von Sonne seien durchdrungen,
von der Liebe noch umschlungen,
die Kinder ihr und Enkel geben
begleitend durch zwei Drittel Leben
und
eine Seele, die bereit
für tiefes Leuchten dieser Zeit!

ES IST ZUM WIEHERN!
NEEE – DAS GIBT'S NICHT!
SEHN WIR RICHTIG???
DU BIST SIEBZIG!

Das dürfte wohl ein Irrtum sein!
Lässt du uns jetzt kurz mal rein?
Du hast uns zwar nicht herbefohlen,
doch woll'n wir uns ein Schlückchen holen –
auch gratulieren wir untertänig
mit je einer Rose (bisschen wenig?).
VIEL GLÜCK!!!
Nun lass sie steigen, deine Fete!
AUGUSTE WANDA HENRIETTE

Apropos:
Du lädst dir heut nur STUTEN ein???
Die Ausnahme soll BRINGFRIED sein???
(Ein Mann ist doch ein armes Hascherl!)
Fühlt er sich wohl in dieser Runde,
die er absitzt Stund' um Stunde?
Wir könnten unsere Jungens rufen,
ein Wort – die schwingen ihre Hufe(n)!

Elvira

Dies ist heute ein besonderer Anlass, zu dem es sich ziemt,
eine gebührende Honoration vorzunehmen – „da muss eins was redde".
Ich merke nun auch – Heinz Erhardt: „Es ist leichter, den Mund
zu halten – als eine Rede":

Ich versuch's nun mal so:

LIEBE ELVI!

Du kleines Mädchen kamst – ja, das weiß ich –
im Schicksalsjahre 33,
im JUNI, am neunzehnten, geschlüpft auf die Welt,
es war deutlich sichtbar, dass es dir nicht gefällt!
Dein erster Protest, geäußert als Schrei –
Unbehagen und Hunger setzten ihn frei!
Man hat dich gewogen, gemessen, gewaschen
und dich kurzerhand auf die Weltbühne entlassen.

Ernstes und Gutes stand auf dem Programm.
Du spieltest mit und gewöhntest dich dran.
Großmutters Gastspiel war leider zu kurz,
zu wenig für den kleinen Schnurz!

Ne Omi, wie du bist, hatteste keine,
die Geborgenheit gibt und mal kleine Scheine;
die dir die Welt erklärte und zeigte,
in vielerlei Form sich zu dir neigte!

Wärme, die für dein Seelchen so wichtig,
dosierte dir wohl keiner so richtig!
Nach kurzer Pause – im zweiten Akt –
hat dich dein Schicksal zur „Tragik" verknackt!
Du hast dich gewehrt, dich mutig gestellt,
dich behauptet und zu den Siegern gezählt!
Doch dann klärt sich die Szene –
für vieles Schöne!
Es kam DEIN PRINZ,
der bald dich „entledigt"
und der dich für härtere Tage entschädigt!

Dazu eine liebe Mutter – bis heute –,
nun brach er an, der Auftritt der FREUDE!
Auch wechselnd im Auf und Ab des Lebens,
ob Glück oder Sorgen – nichts war je vergebens!

Du hast jede Rolle mit Power gespielt,
geplant und auf Erfolg abgezielt,
du hast nie den richtigen Einsatz verpasst –
ob Enkel, Familie, Job, Ehrenamt – RAST???
Das Wort ist dir gänzlich unbekannt,
„Privatmarathon" passt auf dich angewandt!
Schwimmen, Gymnastik und Kultur … och,
Museen, Konferenzen – das schaffst du noch!
Als Freundin, Notdienst, Hündelchensitter
wird die „Pflicht" dir niemals bitter!
Der Stress macht dich erst richtig heiter!
Immer höher, immer weiter … neee –
du PERPETUUM MOBILE – nicht zu fassen!

Soll man dich weiter so rennen lassen?
Kein Mensch kann dich halten –
nur die Hände still falten,
hoffen und flehen:
„Herr, lass sie nicht bald einmal plötzlich stehen!“

Ich hab mit ’nem kleinen CLOU gewartet:
’ne Meinungsumfrage gestartet!
Von Staaken bis Motzen – an jeder Eck(i)
kennen alle den Namen ELVIRA MALECKI!

Dein Image, von Reportern gezeichnet,
die HOMMAGE knapp verfasst,
ist für den Anlass, denk ich, geeignet,
hat ihre Wirkung nicht verpasst.

Hallooo, liebe ELVI!!!
Ha, ha, ha –

In der tollsten Männer Reigen
wird dir heut' André was geigen!
Nicht auf mein Metier bezogen,
hier wird nur Musik beschworen!

Haaach, wie kann er doch mit Tönen
schmusen, träumen und … verwöhnen!
Nur er kann sooo die Fidel streichen!
(Ich such schon ständig seinesgleichen;
ich konnte ihn nicht motivieren,
nur noch für mich zu taktieren!)

Haaach, wie er auch den Bogen schwingt,
Saiten voll zum Klingen bringt,
die du in dir noch kaum entdeckt,
die er behutsam aufgeschreckt!
Tja, ha, ha, ha –
ich bin emotional auf Sendung,
mich quält gedankliche Verschwendung!
Für Augenblicke „umgepolt“,
werd' unsanft ich zurückgeholt!
Ha, ha – so weit meine Gefühle,
wollt ihr darob mir fluchen?
Die haben hier heut' nichts zu suchen?
Gut, ich konzentrier' mich auf die Feier,
kümmre mich um andere Eier:

OOOH, die DAMEN werden aufmarschieren,
um dir charmant zu gratulieren!

Das ist der Tag der großen ROBEN –
echte Männer werden toben!
Guckt euch an die „Super-Mäuschen“,
ich weiß nicht – bin ich aus dem Häuschen?

Die besten von den Männern allen
(ganz in Schwarz) würden mir ja auch gefallen!
Dass ich hier bin, bringt mir Neider!
Hey!!! Ich drück dich!!!

BRISKO SCHNEIDER[1]
(wurde von Bastian Pastewka gespielt)

---

[1] Brisko Schneider ist eine fiktive Figur, die von Bastian Pastewka gespielt wurde

Horche mal druff

Liebe Elvi – jetzt horche mal druff:

Eh gucke da, ma will's nich globen,
du hast dich stetig „vorgeschoben“
uff's Jahr 78, des is kee Witz,
das Alter(n) is oft e Schleudersitz!
Ob de denn willst oder nicht,
du wirst „befördert“ uff dem Bande des Lebens,
den Knopp zum Anhalten drückste vergebens!
Alles, was de dein Lebtag ni schaffst –
die Zeit sorgt dafür, dass du's jetze raffst.

So, und nu sache bloß! Bei dir gomm keene Gäste?
Und ich hab gedacht, mir feiern heut' feste!
Nee, meene Liebe – so gommste nich weg,
da kannste dich winden, das hat gar keen Zweck!
Das tät dir so passen,
dass se alle Glückwünsche „verfallen“ lassen!

Nu pass uff:
Hier haste 'ne Blume und ooch ene Flasche,
was de damit nun machst, rauscht vorbei an meem
Arsche!
Gannst ja mal sagen: „He, Leute, prost!“
Willste ooch nich? Nu bin ich erbost!
Wenn de nur stilles Wasser anbietest –
is ooch nich so schlecht,

denn stell mal die Blumen rin!
Denen isses recht!

Ob dir's nu passt (ich denk' nee – ich vermutes),
ich wünsch dir nun mal sehr viel Gutes!
Das wurde mir so beigebracht,
dass man das lächelnd trotzdem macht.

Und nu noch 'n Küsschen rechts und links
uff die Backe –
ertrag's! Brich dir nicht aus der Krone 'ne Zacke!
Reich nüber die Schnut –
und dann isses gut.

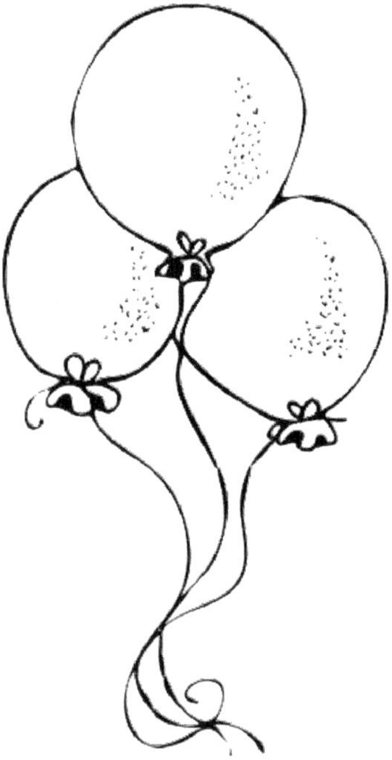

RÜCKBLICK
21.04.1989

Hallooo!! Du liebes, kleines Weib,
wirst fünfzig heut am ganzen Leib!

Willkommen sei im Club der GRUFTIS,
der JENSEITSFÜNZIGER und der MUFTIS,
die über Altersrechte walten,
uns GOLD und Lebensfreud erhalten!

Ganz langsam wird es nun besinnlich,
nicht gut, nicht böse. Prima (find ich)!
Es bleibt geläutert reine Freundschaft,
nicht Eifersucht, Rivalenfeindschaft,
trotzdem, so ab und zu
gönnt dir der FRÜHLING wenig Ruh.
Ich mein den Morgensonnenschein,
der dich veranlasst, erst ein Bein
und ganz gemächlich bald das nächste
(in frühster Frühe – gell, das möchtste?),
dem warmen Bette zu entfleuchen,
um deine „Knechtinnen“ zu scheuchen!

Das ist der jetzige Stand der Dinge,
was sich so tut im Box(er)ringe,
wie dieses Leben einer ist,
mal oben, unten, fröhlich, trist.

Nein, nein, ich will nicht wörtlich schildern
fünfzig Jahre exakt in Bildern!
Ich will’s ganz knapp gefasst versuchen,
damit die Gäste mir nicht fluchen

ob meiner Art, weit auszuschweifen,
ich werd' zum Telegrammstil greifen:

Zurückgespult ganz schnell die Zeit,
hör' ich, wie dort ein Mägdlein schreit,
weil es zu gern nicht aufgenommen,
das ändert nichts an seinem Kommen.

Du bist trotz aller Schicksalsfaxen
ins Dasein passend aufgewaschen!
Du lerntest sauberes Gewerbe,
das heut' noch dient zum Broterwerbe!
Hantiertest stets mit „heißen“ Eisen,
um deiner Umwelt zu beweisen:
„Was knifflig ist, krieg ich auch glatt!“
Da war nicht nur die Wäsche platt!

In deiner Jugend zarter Blüte
griffst du voll in die Wundertüte,
die, wie du glaubtest, Naschwerk barg!
Du wusstest sehr bald: Magerquark!

Zur Lebensfreude „aufgemuckt“,
hast du nach Westen oft geguckt,
gerockt wurde mit Petticoat,
das Boogie-Girl kriegt' keiner tot!

Dein Schicksal knüpfte einige Knoten,
die reichten wohl für Anekdoten,
das konnt' und wollte niemand ahnen,
dass du gehst unvorhergesehene Bahnen.
Ich will hier nicht an alles rühren,
das würde sich auch nicht gebühren.

In deinem Innern, das ist klar,
weißt du zu gut, wie einst es war,

zum Beispiel:

Es sah ein Knab' ein Röslein stehn,
es war gar lieblich anzusehn!
Er sah's denn auch mit Freuden
und ließ die Neider leiden.
Natürlich hat's zunächst gestochen,
bevor sein Wille ward gebrochen.
So hat er's Knöspchen doch geknickt,
bis es beim Standesamt genickt.

Dem Bund der beiden sind entsprossen
zwei nun schon reife Zeitgenossen.
Und was das Mutterherze freut,
sie feiern auch Geburtstag heut!!!

Da alles sich beruhigt hat,
dein Lebensschiff fährt ruhig, glatt,
der Glanz am Horizont verhaucht,
der selige Tage dir getaucht
in gleißend-goldene Sonnenflut,
wie's nur ein Herz dem andern tut.

Nun zäume alle deine Rösser,
staun' über Luft- und echte Schlösser:
Magst oft in fremden Betten pennen,
so lernst du mehr vom Globus kennen,
vielleicht wird in geraumer Zeit
trotzdem manch Wunschtraum Wirklichkeit.

Nimm mit, was sich an Schönem bietet,
Trübsal und Frust werden umgenietet!

Mit unaufhaltsamem Elan
geh manchem an die Wäsche ran,
jedoch an die nur von Patienten,
wie sollte so viel Schwung sonst enden?

Zehn Jahre kriegste doch noch rum!
Dann lebste auch vom Garnichtstun
und die Erfahrung macht dich schlauer:
Wenn's Leben süß war, war es sauer.

Weil du auch „etwas" tierlieb bist,
hoff ich – ach was, ich werde dafür sorgen! –
dass du wenigstens dann morgen
nicht ohne einen KATER bist!

Ich wollte dir noch viel mehr sagen,
doch schaff ich's nicht an zwei, drei Tagen,
so bleibt denn nur die Floskel offen,
dass ich werd' sehr viel GLÜCK erhoffen
für meine Busenfreundin „KLEIN",
ich kann ja nicht unhöflich sein!

Da hab ich mir was abgerungen,
sei froh, dass ich's nicht hab gesungen!
Mit Verseschmieden ist nun Pause –
zehn Jahre – bis zur nächsten Sause!!!

Frau Rosemarie Erika Klein

hat die Prüfung zur Aufnahme in den Verein der

„Fröhlichen Gruftis"
am 21.04.1989

mit Bravour bestanden.

Sie hat mit viel Einfühlungsvermögen bewiesen, dass sie sich vorstellen kann, wie es denn immer weiter bergab geht.
Gleichzeitig weiß sie aber die momentanen Chancen des Lebens noch hellwach zu nutzen.
Es wird ihr bescheinigt, noch mit ziemlich wachem Geist die Umwelt zu betrachten.

Ebenfalls hat sie den Klecker- und Sabbertest bestanden.

Die Prüfungskommission:
Vorsitzende: Angela Hinz
Beisitzerinnen:
Elvira Malecki
Eva-Maria Wachs
Hertha Lange

China - Reise

Wel heute hiel Gebulstag feielt,
zum Wohl del Gäste Diät „kleielt“,
stets ist fül all und jeden da,
das ist Malecki(s) ELVILA!

Auf Wünsche von den Plofessolen
hat sie spezialisielt die Ohlen,
nun folgt die wohlveldiente Pause,
dlum flieht sie schlau ihl Placht-Zuhause!

Wel mutig bald nach CHINA leist,
dem ’s Schicksal wohl viel Glück velheißt!

Elholen wild sie sich nicht plächtig,
doch Holizont elweiteln – mächtig!

Was Chinamann an Kunst geschaffen,
kann sie soo intellessielt begaffen.
Die hellliche Polzellankultul
liss, wenn sie säße, sie vom Stuhl!
Viel schwelel wild es bei del Dichtung –
weil Schulbildung ging in andele Lichtung,
Plobleme velulsacht auch die Schlift,
die Splachklippe wild blitannisch umschifft!

Volbei fliegt wundelbale Landschaft
(was Bahn und Bus so lasend lanschafft!).
Wes’ Auge soo gielig Elleben tlinkt,
am Abend elschöpft auf sein Kissen sinkt!

Doch auch im Schlaf geht's nicht volübel,
im Zeitlaffel kommt alles wiedel!
Da! Noch mehl schöne Malelei –
auf Seide – altel wie neuel Schlei!
Sie muss sich bei viel Händleln dlängeln,
zul Plobe die Gewändel hängen,
dlapielen um die lunden Schulteln –
ja, die Ideen können „folteln"!

Weil ihle Polstel so „bequem",
wild das Elwachen angenehm!
Sie leibt die Augen, auch den Lücken,
will sich, um fit zu welden, bücken,
stellt dann noch fest zu gutel Letzt,
dass sie auf flemdem Lagel sitzt,
legistlielt dann total helle:
Bandscheibe sitzt an altel Stelle,
klettelt hinab vom „Wundelbaum",
elkennt: Es wal ein bösel Tlaum!
Klaxelt abwälts immel weitel,
Lealität: Schlafwagenleitel!

Wie sieht's mit Gaumenfleuden aus?
Mundet felnöstlich selvieltel Schmaus?
Soll man an Magentlopfen denken
odel bewusstes Olgan sich vellenken?

Genieße floh nul alle Fleuden,
die in del Flemde sich so beuten!
Und: Kämpfe nicht mit Kalolien,
das kannste wiedel in Bellin!

Als Untelstützung – nul zul Fleude –
velelb ich dil den ...Malkschein heute:
Leg in die Stilne keine Falte:
Es leicht nul fül ne Landeskalte,
odel: Du kliegst den gewünschten Schilm
(del sei dann dein Lettel
bei Legengießeschüttewettel),
odel: einen Film.

Komm heil und gutel Dinge wiedel,
tu uns dabei nul eine Liebe:
Bleib gesund, gewohnt gewitzt –
Augen und Ohlen lass ungeschlitzt!

Wil wünschen dil helzlich
Gesundheit, Zeit, Geld,
um zu betlachten unsele Welt!

Nul musst du selbel kläftig spalen,
dann kannst du immel wiedel fahlen!

Deine tleuen Fleunde,
am Fleitag, dem 19. Juni
neunzehnhundeltsiebenundachtzig:

FAMILIE

(für Tochter Simone)

Einschulung

Es wünschen dir heut' viele Leute
an der Schule rechte Freude!
Verständnisvolle, tolle Lehrer,
die dir helfen, wenn's mal schwerer,
nicht ganz so leicht das Lernen fällt –
das kommt vor auf dieser Welt!

Ansonsten wirst du's prächtig schaffen
mit Mut und Frohsinn – guten Waffen!
Kaum begonnen, eins, zwei, drei,
ist die Schulzeit schon vorbei!

Doch lernen muss man immer weiter!
Es ist damit wie mit 'ner Leiter.
Es wird stets noch 'ne Sprosse geben,
die du erklimmen musst im Leben!
Denk nicht: Wie mühsam, Kraxeln
an dem „alten Holz"!

Du lernst … und jeder Schritt macht stolz!

Geschafft (Tochter)

Wie gut ist's doch, dass du gerafft
zusammen alle deine Kraft.
Nach vielem Mühen – her und hin –
erkanntest nun des Lernens Sinn!

Wie glücklich bist du – nicht allein,
es dürfen auch die Eltern sein
und alle, die dir nahe sind
(man zittert nämlich mit dem „Kind").
Die äußere Fassung ist Fassade,
damit das Bäumchen wächst gerade!
Ein Mutterherz ist immer weich!
Erzwungene Strenge nur erreicht,
dass Lebensmut und Stärke werden –
um durchzuhalten hier auf Erden!

Du weisst es heut',
es war nur Schein –
die Liebe schloss die „Härte" ein!

So gehe nun mit vollem Schwung!
Sei wirklich ganz von Herzen jung!
Genieße die geschenkte Zeit!
Für alles Schöne sei bereit!

Ich wünsche mir doch was von „Sie“:
noch etwas mehr an Harmonie
auf dieser Welt,
die uns so kurze Zeit nur hält!
Ich weiß, der Wunsch ist kein Pläsier.
Trotzdem: Ich wünsch’s uns!

Muttertier

Heut bist du ZWANZIG

Du liebe Zeit, heut bist du ZWANZIG!
Ich möcht' es fassen, aber kann's nicht!
Du warst doch eben noch sooo klein,
ein richtig liebes HERZELEIN!
Nun musst du schon dein Leben meistern,
der Lernprozess wird nicht begeistern,
naturgemäß – so ist's nicht immer,
oft geht's ganz gut, dann wird's viel schlimmer.

Ich hoffe, dass du alles packst
und dich mit dir mal selbst „beschnackst",
nach Überlegung kommst zum Schluss,
dass alles gut noch werden muss!

Bleib auch dabei vergnügt, mein „PUDDING"!
Es gratuliert dir herzlichst

Mudding!

Bügeleisen

So manches Ding als „heisses Eisen“
wird dir das Leben vor noch weisen!
Auf Brandblasen gut vorbereitet,
die jeder irgendwann erleidet,
wirst du in mütterlicher Form
durch diese Gabe ganz enorm:
Bring diese blitzende Gestalt
behände in Berührung bald
mit nicht so knitterfreien Sachen
(du hast den Zauberstahl, kannst lachen).
Oft gibt es etwas „auszubügeln“
und:
gepflegte Kleidung kann beflügeln!

Rührstab

Es gibt zwar Dinge, an die sollte besser niemand rühren,
doch dies Gerät ist da, um dies zu tun und zu pürieren.
Das heisst nicht, dass Probleme realistisch es verkleinert,
jedoch verdaulich aufbereitet und optisch dir verfeinert!
Du kannst mit diesem Stab auch wirbelnd das Unterste
zuoberst wenden!
Rühr wohlbedacht! Vernunft sei stets die Treibekraft,
die klug regiere deine Hände!

Silberhochzeit

Ein Teil zarter TRÄUME ist schon erfüllt,
BEWÄHRUNG – gereift, weil beide gewillt,
den GARTEN DER LIEBE behutsam zu pflegen.
VERTRAUEN – gewachsen an Sonne und Regen.

Trotz rauer Winde trieb kostbare Blüten
die Ranke des Lebens, die ’s gilt zu behüten.
GEBORGENHEIT durch die Nähe des andern
führt furchtlos den Fuß, um die Welt zu durchwandern.

Das PARADIES bewahrt 9125 TAGE lang!
Mir ist um glückvolle ZUKUNFT nicht bang!

24.08.1991

Lebensbahn

Das Leben – gleichsam auch ein Zug
mit Wagen für Gepäck genug,
gesondert in vielfältige Sparten,
um gut gerüstet bald zu starten,
abgepfiffen, wann's gefordert,
verstaut und rasch voranbeordert!

Einst fuhr voraus der kleinste Wagen
zum Anbeginn von Lebenstagen,
die Elternherzen selig machten,
weil Kinderaugen strahlend lachten.
Nicht die PS der Diesellok,
es war die ganze Kraft der Liebe,
die dieses kleine Fahrzeug schob!

Wer nun die Bahn sieht, möchte „globen",
ein Wanderzirkus wird verschoben!
Doch nein: Die Sache liegt hier so:
Zwei junge Menschen wagen froh
nach dem Entschluss, sich zu verbünden,
Gemeinsamkeit hiermit zu gründen!

Der Wagen hier, mit Haus und Garten,
muss auf dem Abstellgleis noch warten,
weil das Bedürfnis nicht so zwingend,
man braucht es ja nicht händeringend!

Beide sehen den Sinn des Lebens
im Wohl der Menschheit nicht vergebens!
Die Stätten des Wirkens – so weit voneinander,
da ist man versucht zu erpressen „Commander",

(von Christoph) die Flüge dem Zweck zu entfremden,
damit nicht die Abende stets traurig enden.
Das ist ja grausam, das könnt ich erfassen?
Man soll ihn mal Boten der Liebe sein lassen!
Vom Schlafwagen sei hier nicht lange die Sprache.
(Das ginge zu weit – ist nicht unsere Sache.)
Dass sie kaum dazu kommen, das ist doch klar
(nur weil dienstlich so viel zu erledigen war).
Die schöne Zeit, die da bleibt, um zu träumen,
mögen die beiden niemals versäumen!
Denn oft hängt als Frucht einst am Lebensbaum
einzig greifbar – nur der Traum!

Bemerkt ihr den Wagen – scheinbar leer?
Er poltert gewichtig zum Schluss hinterher:
Er ist randvoll mit nicht sichtbaren Dingen:
Es sind

Gesundheit,
Frohsinn,
gutes Gelingen,
Versöhnung,
Freude,
Liebe,
Glück,
dass das Eine stets finde zum Andern zurück!

Es reise mit eurer Lebensbahn
Verständnis für den Weggefährten,
dann wird erfüllte Zweisamkeit
der vorgezogene Himmel werden!

Hochzeit Uwe

Es ist noch nicht lange her
(das Zeitgefühl trügt oftmals sehr),
da schob ich dich, ein zartes Bübchen,
im Kinderwagen vor mir her.
Warst Sorgenkind, doch Liebling von Papa,
es wurde alles gut:
in eurem Clan war eins fürs andere da!

Zur Freude aller wuchsest du heran
zu einem hübschen, starken jungen Mann!

Als Sportsmann bald wurdest du Ringer!
Erfolgreich: UWE der Bezwinger!
Trophäenbedacht, bekannt weit und breit
bist du nun auch für die Ehe bereit.

Auch dort gibt's Kämpfe auszutragen,
doch solltet ihr nie alles wagen,
denn nur durch Liebe und Geschick
„erkämpft" ihr euch ein Dauerglück!
Baut euch ein kuschelig-warmes Nest
und haltet zueinander fest –
wie umseitig die kleinen Vögel,
das ist die beste Lebensregel!

Wir wünschen dir und der Sabine
viel Glück, stets Grund zu froher Miene!
Und für den anderen stets Verständnis,
bitte nehmt das nun zur Kenntnis:
Zieht euren Karren fröhlich an!

„Glück auf!!!", rufen: Betty und Christian

Hochzeit Silke

Anstelle von ’nem prächtigen Strauß
flattert ein Stückchen Papier Euch ins Haus,
weil Blumen im Hochzeitsstress
kaum recht erfreu’n,
so darf es vielleicht etwas Praktisches sein –
statt meiner ganz bescheidenen Gabe
damit „man“ eine Erinnerung habe –
in Form eines Teiles zu einem Besteck?
Vielleicht auch zum „Bruchteil“ vom edlen Gedeck?

Egal, was es wird, es soll Euch zeigen,
dass ich Euch als Blümchen im Glückwunschreigen
– am schönsten Tag! – und das soll er bleiben! –
mit Gedanken und Wünschen vom Besten begleite!

Nehmt herzliche Grüße, dezent seid gedrückt!
Ein Hoch auf das Brautpaar, ein Leben voll Glück!

WEIHNACHTEN

Ruth

Dass du in bestem Duft nur schwebst,
wenn du durch Gänge wandeln gehst!
Ob für Schwester oder Schwager,
auch auf deinem Krankenlager,
du wirst stets die Frische wahren
und mit Reinlichkeit sie paaren –
morgens, abends, an den Tagen –,
du bist „dufte“, wird man sagen.

Da legst du einfach dich ins Bett,
obwohl man viel zu feiern hätt!
Der Ruhezustand – auch ganz schön,
von Ferne mal die Hast zu seh’n,
die schleppend-hektischen Umtriebe –
ach ja, das ist das Fest der Liebe!

„Schneidemeister“

Wer kunstvoll hat den Schnitt geführt,
die Naht geknüpft, dass nichts man spürt,
dass völlig fehlt ein Schmerzereignis,
dem stellt man aus das beste Zeugnis.
Dem dankt man denn aus vollem Herzen,
wünscht Gutes viel zum Fest der Kerzen.

Dem Schneidemeister Dr. TAUD –
UNI-Poliklinik – HAUT

„Eugen Roth“

Man sollte ruhig öfter schmunzeln,
nicht ratsam ist’s, die Stirn zu runzeln!
Statt immer nur ganz tief zu schürfen,
sollt’ herzhaft man mal lachen dürfen,
denn dadurch wird der Mensch befreit
für Ernstes, er bringt’s doppelt weit;
in diesem Sinn wählt’ ich dies Buch
und frag mich:
Trifft mich jetzt ein Fluch?

Wichtel

Ich habe gelauscht! Dein Mann ist fort!
An einem fernen Heilungsort!
Wird baden, eingepackt, geknetet –
von Fremden! Nicht von dir! So jeht det!

Sei jaaa nicht traurig, hör mich an:
Ich will dir helfen, wooo ich kann,
beherrsche wohl meine Geschäfte,
setz ein geheime Zauberkräfte,
damit das Warten schnell vorbei
bis zur Christnacht – eins, zwei, drei.

Ich bin dein Wichtel, der's versteht,
wenn dir das Herzl übergeht.
Ich bin alsdann dein kleiner Mann!
Ob ich dich wohl trösten kann???
Bald für euch beide ich bereit'
eine selige, glückliche Weihnachtszeit.

Rosis Kur

Geäußert wurde gar kein Traum
zur Verwirklichung unterm Weihnachtsbaum.
'Ne Äußerung fiel, da hab ich Schwein:
nur Latschenkiefer-Franzbranntwein,
der lindernd deine Haut benetzt,
so aromatisch duftdurchsetzt.

Es macht dann auch demjenigen,
der Dich da wird „verwöhnigen"
die Streicheleinheit sehr viel Freude –
doch irren sich gewisse Leute!

Nun tu dein Körperchen gut pflegen,
damit Gelenk und Muskeln regen
sich nach des Tages hartem Werk.
Am Abend das Gewebe stärk
das alles gut zusammenhält –
auch du bist Schönheit dieser Welt!
Warst du erst im „Aquarium"
und danach im Solarium,
dann – auch bei Kälte – bald im Jänner
steh'n Spalier bewundernd Männer!
Hoffnungsvoll, auch etwas bange,
wartet draußen schon 'ne Schlange!

Trotzdem alles Liebe nach Weihnachten 88.

Schutzengelchen

St. NIKLAS hat heute Englein verteilt,
gleich drauf sind sie purzelnd zur Erde geeilt.
Mit Sorgfalt sind sie eifrig bereit
in der dunklen, gefahrvollen Winterzeit.

Eins ist gerutscht – das besonders niedlich –
bis zu Frau Klöden, als sie träumte so friedlich!
Direkt ist's gelandet an Käthchens Bett,
an dem es nun immer zu wachen hätt!

Es bewahrt ihren Schlummer,
hält fern allen Kummer.
Und sie hat ein Glück – gar keine Frage –,
es verlässt sie nicht etwa dann bei Tage!

3, 2, 1 – 0!!!

Was konnte mich dazu nur treiben,
Ihnen etwas aufzuschreiben
für die wohlverdiente Reise,
die in wundersamer Weise
Körper und die Seelen heilt,
wenn auf SCHNELLEN BRETTERN eilt,
im PULVERSCHNEE mit schmaler Spur,
konkurrenzloser FIGUR
DER FLITZERIN – wohin auch immer –
folgt – bis fast ins warme Zimmer?

Ja, was wünsch ich Ihnen beiden?
SCHÖNE ZEIT – ganz ohne Leiden!
SCHNEE und SONNENSCHEIN in Massen,
Alltag ganz vergessen lassen!

Ja – und dann ’nen rechten STURZ
(nee) ins VERGNÜGEN allerurts!
PURZELBÄUME nur vor FREUDE!
Rundum LIEBE, NETTE LEUTE
(so wie auf der Arbeitsstelle)!
Dann viel Spaß – für alle Fälle!

Wunderdoktor

Wie gut ist's doch, dass diese Welt
für Fälle, die recht zweifelhaft,
einfach die Form des Buches wählt,
ganz kurz gefasst, schnell Klarheit schafft.

Wie einfach wär's, in allen Fragen,
die 's Leben stellt, nur nachzuschlagen.
Doch bei ganz ehrlicher Betrachtung
verlör' man vor sich selbst die Achtung.

Allein entscheiden, ist so wichtig,
wobei's manchmal fast „wurscht", ob richtig.
Der eigene Entschluss macht stark!
(Wen kümmert wirklich fremder Quark?)

Ein Ende diesem Wörterspiel!
Gibt's schon ein Buch in diesem Stil?

Die Antwort komme unverdrossen!
Ein Umtausch ist nicht ausgeschlossen.

Ein verschwindend kleiner Anteil dieser Welt
wünscht dafür umso herzlicher

GESEGNETE WEIHNACHTEN!

„Linie“

Genau betrachtet, sich ergeben
beim „Aquavit“[2] wie auch im Leben,
mal träger fließend, mal durch Schnellen,
so ganz gewisse Parallelen.

Ein junger Mann, früh losgeeist,
hat bald die ganze Welt bereist.
So ähnlich ging es diesem „Saft“,
das gab ihm Würze – Lebenskraft!

Sehr von Bedeutung war die Route –
wie sich’s herausstellt, eine gute!
Der Weg war richtig eingeschlagen,
Erfolge konnten bald sich jagen.

So kommt man letztlich zu dem Schluss,
dass „der die Welt erobern muss“[3],
dies nur erreicht mit festem Plan –
ja, auf die „Linie“ kommt es an!

---

[2] Aquavit = Linie

[3] Bedeutung des Namens Alpay

Weihnachten

Weihnacht, die du Friede schenkest aller Welt,
strahl mit deinen hellsten Sternen auf uns aus dem Himmelszelt.
Öffne weit die gold'nen Tore, send' den Schein in Wald und Feld.
Engelsschar jauchzt nun im Chore und still lauscht die Welt.

Tiefer Schnee deckt sacht die Fluren, Tannen stehen schweigend dort,
tausend Schlittenspuren führen gleichgeprägt von Ort zu Ort.
Weihnacht, dort herrscht deine Stimmung. Froh ist heut' fast aller Herz,
Freude deine Glocken läuten, doch die Welt quält mancher Schmerz.

Heil'ge Nacht, nimm du ihn von ihr, schütte deinen Frieden aus,
lass ihn kehren nun nach langem wieder in ein jedes Haus.
Weihnacht, die du Freude schenkst aller Welt,
strahl mit deinen hellsten Sternen auf die dunkle Welt.

Weihnachten II

Seltsames Schweben geht über die Welt,
sie ist von Millionen Kerzen erhellt.
Sie tauchen alles in milden Schein,
so kann's nur in der Weihnacht sein.

Das Hasten des Jahres hat heute ein Ende.
Es finden zum stummen Gebet sich die Hände.
Manch Herz, das allem trutzt mit Spott,
es beugt sich heut vor seinem Gott.

Für eine Nacht nur hat ein End' alles Hassen,
von tiefem Frieden sind erfüllt die Gassen.
Der Kinder Augen glänzen rein im Schein der Weihnachtskerzen,
es lösen alte, schöne Lieder den Kummer aus den Herzen.

Doch manche Träne rollt über der Mütter Wangen,
die in der heil'gen Nacht um ferne Söhne noch sich bangen.
Auch ihren Herzen wird Trost gebracht,
das ist der Zauber der heiligen Nacht.

Weihnachten III

Die Luft ist erfüllt von Heimlichkeiten,
jeder will dem anderen eine Freude bereiten!
In den Straßen herrscht heut' fröhliche Hast,
auf Schlitten zieht heimwärts man froh seine Last.

Dann ist es so weit, die Kerzen erglühen,
die Kinder noch schnell mit den Verslein sich mühen.

Der Weihnachtstisch bricht fast unter den Gaben!
Für jeden ist heute etwas zu haben!
Die Lieder klingen durch heimlichen Raum,
die Schar ist versammelt am Weihnachtsbaum!
Segnend senkt sich herab die Nacht,
die die Herzen versöhnt und glücklich macht.

Dankbar jubelt die Welt empor,
sie wird eins mit dem Engelschor!

Für Puck

Thermometer

Dass d' immer woaßt – ganz akkurat –,
wos des fer Temperatur grod hat
in deiner blitzeblanken Küchn,
sichst etzt genau an dena Strichn
groad nauf boam Katzl nebem Herd.
Heiz ner gut ei, dass mollert werd'
die Stimmung und rundum ums Herzel,
grad etzt zum Fest der vielen Kerzel.

Weihnachten 1974

Frieden soll dies Fest bescheren,
Segen allen Menschen heut'.
Glockenklang schafft's nicht zu deuten!
Zweifel frisst in kranken Herzen
und die Welt schlägt Grausamkeit!

Lichtblick einer einzigen Nacht
ist das Leuchten für uns Christen,
es fällt schwerer noch als schwer,
still zu sein und nicht zu richten!

Tiefes Leid erfüllt die Seelen
heute – in der Nacht des Heils
und ein armes Kind soll's tilgen
durch die Einfalt seines Seins.

Gib Du Kind uns Kraft zu tragen –
trugst ja selbst weit bitt'rer noch!
Konntest doch gehorsam sagen:
Das Vertrauen bleibt mir doch!

Mach aus Hadern Stilleschweigen,
gib uns, Kindlein, Mensch und Gott,
der Du alle Tiefen kanntest,
Trost in unserer Seele Not.

Lass verstehen Deine Güte, die verworrene Wege geht,
Trost im Sinn der Weihnacht finden,
Herzen heilen im Gebet.

Zeig den wahren Sinn uns wieder,
erinnere uns Mensch zu sein,
lass uns aufrecht furchtlos gehen,
dadurch immer Weihnacht sein!

RATSCHLÄGE

Mensch ärgere Dich nicht

Wer alles ernst nimmt und zu Herzen,
verursacht sich nur MAGENSCHMERZEN,
die unerwünscht, höchst schädlich sind!
Du hast’s gelernt, bist nicht mehr Kind:
Nicht schweigsam sein, schon gar nicht schlucken,
lieber kräftig mal aufmucken!
Treten mit den Hinterpfoten
ins Hinterteil, das dir geboten
in manchmal unbedachter Weise
von dem nicht geliebten Kreise,
von Leuten aus der „kleinen“ Welt.
Denk dir: „Dafür krieg ich ja Geld!“

Vom Ideellen abgesehen,
musst du durchs Arbeitsleben gehen.
Gräm dich nicht und sei nicht dumm,
der Rest vom „Muss“ geht auch noch rum!

Wem das die Sprache glatt verschlug,
weiß jetzt:
Rücktritt bedeutet nicht Rückzug!

Humor

Trotz allem: Ein Lächeln, Humor und Mut –
das macht auch den trübsten Alltag noch gut!
Nicht zaudern, nicht zagen, den Kopf oben tragen –
und soll's nur so scheinen –,
gebeugt nützt er keinem!

Nimm alles Wollen energisch zusammen,
was unnütz, schieb' weg – das musst du verbannen!
Genieße den Urlaub! Schöpf' neue Kraft,
dann sind schon neun Zehntel des Kummers verpafft!

„Unfehlbarkeit“

Wer alles nimmt kritiklos hin,
z. B. „Unfehlbarkeit“ der Medizin,
schüchtern schluckt, nicht wagt Bambule
gegen Lehre alter Schule,
niemals misstraut, bequem vertraut,
lauscht unbedarft den Pharmazie-Posaunen,
hat so verwirkt sein Recht zu staunen,
wenn er zu früh ins Jenseits schaut.

Moral: Ein Wolkenkratzer niemals „stund“
auf morastigem Untergrund!

Sei wie ein Elefant

Du, Mensch, sei wie ein Elefant!
Mit Kraft zum Stand auf einer „Hand“!
Ein Wasserkissen schützt den Fuß,
dass du nun nicht mal merken musst
die kleinen Höckerchen im Leben,
es soll dadurch kein Holpern geben;
es wird nicht zur Begebenheit
die winzigste Unebenheit!

Der Quastenschwanz:
Sollt man mich fragen,
möcht’ ich dazu nichts weiter sagen,
nur dass symbolisch lästige „Fliegen“
du kannst mit kleinen Mitteln kriegen!

Besonderheiten sind die Ohren,
mit denen der Koloss geboren!
Du kannst, wie er, schlau mit den Riesen,
wenn’s dir genehm, das Loch verschließen,
das offen blieb, um fein zu hören,
knöpf’s einfach zu, lass dich nicht stören!

Von Vorteil ist das Auge, klein,
kann unbemerkt „Bemerker“ sein.

Zu vorletzt sei erwähnt der Rüssel:
zum Wittern eingesetzt (nicht Schnüffeln).
Du kannst bezeichnen ihn zuzeiten
als „Stab für Forschungsangelegenheiten“.
Der Spürsinn sei – und nicht nur heute –
zum Kennenlernen „ferner“ Leute.

Das wichtigste Organ, die Haut,
für den, der flüchtig hin nur schaut,
wirkt rissig, ungepflegt und grau.
Doch denkst du drüber nach genau,
wird sie durch Wasser, Schlamm und Sand
als „unverwundbar“ erst erkannt.

Es ist also durchaus kein Quark:
Durch Widrigkeiten wirst du stark!

Elefantenkur

Gegerbt im Bad die Schwart(e) – au! –,
taug' ich nun wirklich nicht zur Schau!
Die Haut zum Faltenwurf gebracht,
weil streng man alles mitgemacht,
was schmelzen lässt, um zu gesunden,
das Fett, das als zu viel befunden.

Des ist mir wurscht, i hoaß net „Moser",
da trink i halt no a Flaschl Wosser,
wenn des entschlackt, moan Mogn füllt,
da bin i auf koa Haxn wild!

Und mit die Kerbn in mein Po,
da seh ich des jetzt halt aso:
Da sieht man's kaum, des gibt koan Ärger –
a jeder is halt net so stramm
wie die Visage der Rothenberger!

So ähnlich wie beim Elefont
is, wann i kumm, mein Vorderfront!

I grüß auch alle hiermit schön
und fürcht: Wir wer'n uns wiedersehn!

ALLGEMEIN

„Muttatach“

Dis is heut der besondre Tach,
den manches Kind so gar nich mach?

So ‘n Quatsch, der Ollen noch zu danken,
dafür, dass jahrelang in Schranken
se dich jehalten hat! J E G Ä N G E L T!
Um dreckje Wäsche hat jequängelt!

Hilfe wollt se imma haben
für Müll und Flaschen und zum Traben!
(Weil det nich lief –
Jeburtsfehla; mein Jehörgang is nich tief –,
is davon bewusst nüscht durchjedrungen.
Dabei hat se sooo schön jesungen!)

Se kann nich allet alleene machen!
Da miemt se rum, statt laut zu lachen –
vor Freude, det se wird benötigt
und praktisch sinnvoll sich betätigt.

Den Tach üba isse uff Arbeit –
da erholt se sich schon
von uns und die häusliche Situation!

Die Mutta hat doch keen Humor!

Nu stell ick mia ma plötzlich vor,
det ick vielleicht ma Jören habe!
Det eene, lieba Lesa, jlobe:
Bei mia jibts deshalb keen Jetobe!

Von Jugend an die Neese voll,
seh ick nich ein, warum ick soll
mia mit die janze Wirtschaft quälen!
Also: Ick werd' mein Gatten denn befehlen.
Der soll sich an die Weisung halten,
mit seine Kinda janz frei schalten!

Berlin, 10.05.1992
Angela Hinz

Zum Muttertag

Für alles, was du mir getan, dank ich dir heut von
Herzen.
Für deine Arbeit, Müh und Sorg und alle deine
Schmerzen.
Du nahmst sie auf dich gern für mich
und hattest stets Verständnis,
Du standst mit gutem Rat mir bei
in allerlei Bedrängnis.
Oft wachtest lange du bei mir; ich lag schon tief im
Schlummer,
du nahmst die Kinderseele ernst, halfst mir in meinem
Kummer.
Kam ich in frohem Spiel zu dir, es ward dir nie zu viel,
du stimmtest dann mit Freuden ein in Scherz und
Kinderspiel.
Wenn ich oft ungezogen war, mied deine guten Lehren,
und du aus Kummer über mich dann weintest bittre
Zähren.
Dass du stets dacht'st: „Du wollt'st nicht böse sein,
wenn du erst größer bist, siehst du es sicher ein."
Für alles dank ich heute dir, mein gutes Mütterlein.

Hab ich getan dir oftmals wehe, es ist mir leid,
ich weiß, dass dein verzeihend Herz schlägt stets in
meiner Nähe.

Mutter

Mutter, die du niemals müde
Opfer bringst nur für das Kind,
dem du einst das Leben schenktest,
das du liebst – so warm, so blind!
Ferne bist du heute mir,
aber dennoch ewig nah,
weil schon seit dem ersten Tage
mein und dein Herz eines war.

Stets, wenn schwere Stunden drängen
an dein Kind heran, weiß ich,
dass der Mutter Beten alles Schwere wenden kann;
und ich greife dann voll Hoffnung
in Gedanken nach der Hand,
nach der freudig ich schon haschte,
als ich noch im Körbchen stand!

Lass mich heut am Muttertage
danken dir für alle Güte!
Heute grüß ich dich – nur dich –,
wünsch dir, dass dich Gott behüte!

Kurz vor der Geburt - Trixie

Grüß Dich – „Fast-schon-Mütterlein"!
Die Wartezeit wird langsam „klein",
beschwerlich ist die letzte Runde
bevor der Gong ertönt zur Stunde,
für die Du lange bist bereit,
die Dich von lieber Last befreit!
Bevor das Wunder vollends reift,
es schon nach Mutternerven greift,
das „Früchtchen", das so heiß erwartet,
mit Euch ganz anderes Leben startet,
an das Ihr Euch sehr rasch gewöhnt,
weil es das Dasein freudig tönt!
Es wär' nicht recht und gar nicht heilig,
vergäß' ich den, der s e h r beteiligt
an dieser neuen Lebenslage –
auch ihm viel Kraft für diese Tage!!!

Geburt

Direkt vom Himmel ist gefallen
zur großen Freude von uns allen
herabgeschwebt an „Perlonfädchen“
ein ganz, ganz kleines, süßes Mädchen!
Es will den Eltern Glück nur bringen!
Mög’ ihm dieses wohl gelingen!
Gesund bleib’ stets der kleine Engel!
Gesellt sich zu ihm noch ein „Bengel“?

Damentoilette

Es wurden ohne Ziel verschossen
zum Beckenrand – die Sommersprossen,
um ungestört daselbst zu kleben!
Es wird schon irgendjemand geben,
der folgend – ähnlich unter Druck –
findet vor der Schüssel „Schmuck“,
der dann – die Augen gehn ihm über –
die Bürste schwingt und scheuert über
die dargebotene Ferkelei.
Das ist doch wohl ein dickes Ei!

Zum Glück gibt es, um abzuführen –
wenn kein Gedränge –, hier vier Türen!
Bequem, wenn's dringend, gern benutzt
sind eins und zwei recht schnell verschmutzt.
Zeitweilig besser haben's hier
die Abortzellen drei und vier.

Viel Opfer hat der Schlankheitswahn;
er öffnet tosend jeden „Hahn“,
die Explosion ist nicht zu stoppen.
Kein Korken hilft – nur noch das Joggen
zum stillen Ort, der nicht besetzt,
wie die Entladung nun ergötzt!

Rücksichtlos wird auch geschmissen
das Papier, das oft zerrissen,
den Weg nicht findet auf die Spule,
Faulheit – eine schlechte Schule

hier am duftverseuchten Ort;
auch dafür findet sich kein Wort!
Leute, wir sind alle Frauen!
Sollten wir nicht öfter mal
nach dem Stress nach hinten schauen?

Kommt, wir halten's fortan so!
Ein dankbarer Kolleginnenen-Po.

Es ist oft schwer, das rechte „Maß“ zu finden!

Wie fiel mir doch bei Leysieffeeer
mein Gleichgewicht zu halten schwer
durch Bücken, Messen, Suchen, Wenden,
um Kauf bestellgerecht zu enden,
weil die von dir gewünschten Maße
hier kamen nicht exakt zupasse!
Bestellt wurden 4 × 29,5 × 3 (354 cm3),
doch war da haargenau nichts bei!
Die Maßschiene dem Einkaufskorb entnommen,
bin ich dann auf den Punkt gekommen:
Ich hab die Kästchen aufgegabelt,
dann gleich die wohl vermessenen
und eben nicht entsprechenden
mir zu Füßen neu gestapelt!
Ich hab im Angebot gegraben,
voll Hoffnung, rechten Fund zu haben.
Bald wurd’s in dem Verkaufsraum enge,
es drängte sich ’ne Menschenmenge!
Sie stürmte kletternd über mich,
wobei Kartons der Halt entwich!
Ich muss nicht lange noch erklären –
begann mich aufgebracht zu wehren
ob dargebrachter Ungeduld –
vielleicht bin ich noch selber schuld,
dass von Natur ich pingelig bin,
wo führt die Schlamperei denn hin?

Nur weil’s zur Crushtime rasch noch zieht
Leute an mit Appetit
ins Eldorado für gehobenes Naschen,

um sich zu proppen voll die Taschen!

Am Boden war ich noch am Grabbeln,
das Süßschnabelvolk fuhr fort zu zappeln.
Mein Forschungstrieb war nicht gebrochen,
ich hab sortiert, bin rumgekrochen.
Gern wollt ich deinem Wunsch entsprechen
und merkt: Ich könnte dran zerbrechen!

Nun hoff ich, dass der Inhalt stimmt
und dir die Lust darauf nicht nimmt.
Gefundene Größe: 3 × 29,2 × 3,9 (341,64 cm3)
kam deinem Auftrag nun am nächsten!
Wirst du damit zufrieden sein?

Maße für Schmuckkästchen-Einlage:
Differenz 12,36 cm hoch drei –
allein der Verpackung –,
zugegeben: Schweinerei!

Angela

Einkauf der „Himmlischen“

NURI

Wer schmust sich zärtlich schnurrend an,
so wie das nur ein Tiger kann,
der – ob Mädchen oder Bube –
dein Genosse in der Stube?

Wildfang, Kobold, Kamerad,
der stets zur Begrüßung hat
ein liebes „Maaauuu“ in vielen Tönen,
das mit der Welt dich kann versöhnen!

Das Schleckermäulchen sondergleichen
gibt dir sehr klar bestimmte Zeichen,
verweist geschickt auf seine Rechte,
sagt ganz genau, was es denn möchte.
Der Buckel wird sooo hochgezogen,
bildet den „Brezelkaterbogen“
beim „Bettelnd-um-die-Beine-Streichen“,
wem wird das nicht sein Herz erweichen?

Streicheln, Kuscheln, Schmusen, Kosen –
Tausch gegen Feinschmeckerhäppchen aus Dosen.

Gelenkig ist das Tier beim Putzen,
Geschmeidigkeit ist da von Nutzen!
Ein Hinterbein steil hochgestreckt,
wird alles – auch der Po – geleckt.
Ein Kunststück, das nur Akrobaten
des China-Zirkus zu bieten hatten –
natürlich nicht die letzte Variante,
dazu wär' man zu gschamig und auch nicht im Stande.

Ob genüsslich gestreckt, zum Ruhen gerollt,
ist's Folgendes, was ihr lernen sollt:
Entspannungstechnik vom Alltagsgetue
von IHR – der Königin der Ruhe!
Wer weckt dich sanft mit Schnurrbartkitzeln?
Ein Kerl? – Nein, Kätzchen wollt bespitzeln
deine Mimik tief im Schlaf,
wobei es auf ein Lächeln traf.

Ein kleiner, sanfter Nasenstüber,
der sagt: „Nun lang schon rüber
und kraule mich erst mal am Kinn!
Da liegt der Sinn des Morgens drin!"

Ob MIEZE häuslich oder streunt:
Sie ist dein allerbester Freund!

Kater Moritz

Falls du noch einmal nach mir „schlägst“,
mein sonst sooo Lieber, Schlauer,
wenn du mich so beobachtest,
gespannt liegst auf der Lauer
wann der Moment denn günstig ist
und die Gelegenheit rasch nutzt,
dich freust: „Jetzt hab’ ich eine ihr „geputzt“.
Geliebter Schleicher: Du hast Trauer,
ab heute heisst Du Ollen- Hauer.
(Ollenhauer Politiker)

Blitzschnell kam auch von mir die Rache.
So – erledigt ist die Sache !
Das Zuhau’n hast du unterlassen!
Wir werden uns nun nie mehr „hassen“!

Puschel

Da bin ich aber sehr beglückt,
dass ihr heut' wieder angerückt!

Ihr ahnt nicht, wie ein KATER leidet,
der plötzlich einsam sich bescheidet
mit Schleichen durch die leere Wohnung –
auf leer – durch Euch! – liegt die Betonung!

Zwar tröstete mich Mutter Hinzen
und kam, um mitleidvoll zu blinzeln,
nach mir, der stillen Kreatur,
die mit laaaaaaaaangem Jammern nur
zur Begrüßung sich gemeldet –
eine Seele, die erkältet!

Als sie mein Essen aufgetischt,
hab ich eine ihr gewischt.
Ich ahnte nicht, dass sie mich liebt
und mir trotzdem noch was gibt.

Die Attacke wiederholt –
hat sie einfach mich verkohlt,
mich verständig und mit Lachen
bedacht mit kleinen Leckersachen.

Nun hab ich mich an sie gewöhnt,
schmeiß mich hin, dass es so dröhnt,
wenn sie kommt, um mich zu streicheln.
Das tut mir gut und ihr kann's schmeicheln.

Hei, wenn wir mit Fädchen spielen,

Bällchen kullern, Korken zielen,
zeig ich mich als rechter Spitz,
saus' ich ab – schnell wie ein Blitz –,
folge wendig allen Dingen,
die mich anregen zum Springen.

Ach, jetzt ring' ich schon die Pfoten,
ist das alles bald verboten,
wenn – ich fürcht es schon –, ach Gott,
einzieht hier der Alltagstrott?
Weil doch – schließlich ganz gesunde –
Herrn im Hause sind die Hunde,
die spielend jagen meine Sachen,
das würde Frauchen fuchtig machen!
Die Wohnung wär' dazu zu klein!
Drum will ich lieber stille sein,
sonst krieg ich noch was auf den „Nuschel".

Euer PUSCHEL.

Marienkäfer

Flugs schwirrt der Marienkäfer
zu der Margeritenblüte,
füllt viel Glück in kleinen Mengen
eifrig ab in jede Tüte
in dem sonnengelben Körbchen,
murmelt dabei Zauberwörtchen –
wie Gesundheit, Freude, Glück –,
erledigt alles pflichtversunken,
prüft kurz nach und eilt zurück.

Viele Vögel

Viele Vögel waren da, gingen in die Falle,
werden schmerzlich nun vermisst,
fort sind nämlich alle!

Früher dezimierten sie Raupen, Würmer, Schnecken,
zwitscherten satt und vergnügt,
nisteten in Busch und Hecken.
Auf der höchsten Tannenspitze
war die Amsel stets zu Gast,
flötete ihr Abendlied
lieblich klagend, ohne Rast.

Kein Federball kommt zu Besuch
in den nun stummen Garten!
Ich dachte mir: Hab nur Geduld!
Doch müd' vom langen Warten
klag ich jetzt einen Nager an,
der schutzbedürftig in der Stadt
sich gut vermehrt –
zum Wilderer entwickelt hat!

Des Marders Tragik ist der Mensch –
sonst hat er letztlich keine Feinde,
die nach seinem Leben trachten,
doch sollte er das Dasein anderer,
die fliegen, nicht total vernichten,
sondern auch ein bisschen achten!

Denn die sind im Zyklus der Natur
nicht eine bezaubernde Zutat nur!
Wenn sie gewaltsam werden verbannt,
nimmt Ungeziefer überhand!

Die schönen Gärten – ohne Vögel!!!
Das ist doch wohl nicht schon die Regel?
Die Population des Steinmarders
will niemand stören!
Doch wie soll man sich des Räubers erwehren?

Reifezeugnis

Sieht man die gold'nen Trauben an,
wird einem klar – es ist was dran,
dass süße Reife erst erreicht
ein Leben, das dem Weine gleicht.

Man reift an kargen, „trocknen" Stunden,
Spätsommersonne heilt die Schrunden,
die manch Gewitterregen schlug –
das nennt man Schicksal, man wird klug.

Doch bis zur Lese sei's noch weit!
Sammle Jahre wie Beeren mit Heiterkeit!
Genieße voll den süßen Saft,
noch unvergoren – das gibt Kraft.

Nicht trauern um vergang'ne Jahre,
solange goldblond noch die Haare!
Ein Fältchen kann so neckisch sein –
wem schmeckt denn schon ganz grüner Wein?

Ein Kenner kostet, schmeckt:
Wie würzig ist doch die Frau
knapp über vierzig!

DER SPIELER

Ein Mensch, den zum Roulette es drängte,
sich hoffnungsvoll in Schale zwängte,
nachdem bei Eis und Schnee er's wagte,
verbissen Kilometer nagte.

Dann endlich (!) war er in Berlin.
(Zog ihn da noch was andres hin?)
Wer's scharf durchdenkt, der findet's hirnisch –
Realität: Begrüßung stürmisch.

Danach, die Kugel muss ja rollen,
geht er gleich in die andern Vollen.
In Übelkeit und Schweiß gebadet –
was er da wieder auf sich ladet!

Das Spiel läuft heute gar nicht schlecht.
Erfolg durch Serien gibt ihm recht!
Ich wünsche ihm das Glück so sehr!
(Meinem Spieler, Trinker – und viel mehr.)

Die ersten Drittel sind gesetzt,
zu anderen Tischen er jetzt hetzt.
Gleich nach Cheval kommt plötzlich Plein!
Die Stücke nimmt er lässig – peng!

So zum Gedenken an die Stadt,
die rundum eine Mauer hat,
kam mir zufällig in den Grips:
„Da schenkste ihm mal so 'n paar Chips."

Die Sache ist auch zweckgebunden,
das geb ich zu ganz unumwunden.
Wenn sich der Nebenjob hier lohnt,
ob er dann wieder bei mir wohnt?

(Wenn es so käme, fänd ich's ok,
ich blieb so gern sein Sagebock.)

Furz

Unbeliebt ist allerurts
der feige Herr mit Namen Furz!

Liebt's, mannigfach zu profilieren,
gestaltlos oft zu irritieren
die feinen wie die kleinen Leute –
früher gab es ihn wie heute!

Doch kommt er manchmal in Bedrängnis
(enge Hose – sein Gefängnis),
trotzdem durchdringt er einfach alles –
auch mittels eines lauten Knalles,
als ob die Schallmauer er streift
ohne jede Schwierigkeit.
Gerät sogar in tausend Ängste,
wie der, der ihn beherbergt. Kennste?
Wenn dieser auf dem Rohrstuhl sitzt,
ach, wie er mit ihm dann schwitzt.
Das hat er nicht gelernt in Jahren,
durch welches Loch er soll nun fahren!

Gebürtig ist er ein Tiroler,
kommt aus den Bergen mit 'nem Jodler,
auch ist er kaum ein guter Schütze,
zielt auf den Boden und trifft Spitze
der Nase wieder seiner Träger –
ui, Jäger (l)!

Auch Nonnen sind vor ihm nicht sicher,
doch hört sich's an nicht lieblicher,
(in Bäckerladen kommt Bewegung)
erschallt die Frag' nach „heiliger Regung"
(Nonnefürzchen).

Waldpilze

Zum Pilzesammeln zogen aus
Herr Klein und seine „Rosi-Maus“.
Sie taten auch unheimlich finden –
sie mussten gar nicht groß sich schinden!
Doch wie sah’s mit der Echtheit aus?
Taugten alle auch zum Schmaus?
Der Herr, der sonst gern mal „probiert“,
skeptisch auf die Waldfrücht’ stiert –
das Herz kann da nicht widerstehn,
rin in den Korb – die wer’n schon gehn!
Zur Not war dann Frau Hinz noch da,
die sich die Pracht erst mal besah.
Dazu das Pilzbuch – das war wichtig –,
ihr Urteil lautete dann: Richtig!!!
Zum Mahle ward sie eingeladen,
das Köstliche tat niemand schaden.

Für künft’ge Zweifelsfälle nun
braucht man nur einen Blick zu tun
in dieses Buch – für treue Nachbarschaft erworben –,
ich wette, später heißt’s: Am „Pils“ ist niemand mehr gestorben!

„Friesen-Krücke“

Gar mancher Mensch ist ohne Halt,
braucht dringend eine Stütze,
wähnt sie im Alkoholgehalt
… und landet in der Pfütze!

Es macht hier keiner recht dem andern,
drum soll man unverdrossen wandern
nach seinem eigenen Lebensstil,
die andren kümmere das nicht viel.

Der eine geht als Hippie – niedlich.
Er träumt vom Dasein blumig-friedlich,
er zupft entrückt seine Gitarr’,
die Leute raunen: „Welch ein Narr!“

Ein andrer ist jetzt forsch und schlank,
glaubt trotzdem, er sei „etwas krank“,
weil zwei Gramm Fett auf seiner Backe,
drum sprießt der Bart jetzt, deckt die „Macke“.

Nun, so zur Not als Stab und Stecken
und so zum Lebensgeisterwecken,
auch wenn der Zeh gezwickt von Gicht –
vergiss deinen Spazierstock nicht!

Auch dieser Vers hat ne Moral:
Ne Krücke braucht man öfter mal!
(Manch einer hat so ’n Ding zu Hause!
Aus diesem Grund macht er ne Sause.)
Auch diese hier hat ihre Tücke –
Prost – mit Ottos Heimatkrücke!

Melodie: Wer nur den lieben Gott lässt walten …

PAMPHLET – GEBET

„Gib dich zufrieden und sei stille“ –
so hat „man“ es sich wohl gedacht!
Jedoch brach auf ein starker Wille,
der diesen Spuk zunichte macht,
der über uns bringt „Ungemach“,
aber der Bürger denkt jetzt nach …

Viel Dank und Lob gebührt Herrn Strieder,
der uns durch Presse wach gemacht,
obwohl die Obrigkeit schon wieder
’nen ganz prägnanten Lapsus macht!
Setzt fort den Schwachsinn Ausverkauf
und setzt mit uns jetzt noch eins drauf!

Es wird die halbe Stadt „verkleckert“,
ganz ungeniert für „hier und da“,
viel’ staunen zwar und mancher meckert!
Ja, schließt die Augen vor Gefahr!
Ermuntre dich, du lahmer Geist,
damit du nicht bald „Hilfe“ schreist!

Im Kleinen ist’s so wie im Großen,
„gewählte“ Leute stehn uns vor,
doch das geht öfter in die Hosen,
da kriecht Misstrauen dumpf empor,
auch wer dem „Mieterbeirat“ traut,
dem hat man den Verstand geklaut!

Wir wünschen uns aus tiefstem Herzen:
Herr, lass uns unsere Sicherheit,
damit der Ernst nicht – nur mit „Scherzen"
leicht abgetan – die Falschen freut!
Erleuchte, die zuvorderst stehn,
lass Menschlichkeit uns siegen sehn!

A m e n
(Es geschehe)

OSTERN

Es jauchzt des HUHNes Siegesschrei:
„Geboren hab ich grad ein EI!“
Dies trage bei zur Freud’ der Leute,
die Ostern feiern fröhlich heute!
Es wird bemalt, auch ausgeblasen,
untergeschoben einem HASEN,
der an dem Ruhme kaum beteiligt.
Wie doch der Zweck die Mittel heiligt!
Es ist für Hühner kaum zu fassen,
dass man so „nutzen“ muss sich lassen,
wo jeder Tag erfüllt mit Kreißen!
Für a n d e r e kann den A… aufreißen!
Der Trost für unsereins – den Deppen –,
der Hase muss ja tüchtig schleppen!

So geht’s, wenn du ganz unbedarft
für deine Umwelt eifrig scharrst!

Liebe Astrid (III),

Ich dank dir sehr ob der drei Hasen,
die friedlich auf der Karte saßen,
gemalt aus klein' und größeren Eiern,
um froh mit mir doch Ostern noch zu feiern!

Hinter ihnen liegt wahrhaftig
in dem Gras, das grün und saftig,
das Resultat recht schwerer Mühen –
wie muss das unterm Schwänzchen glühen,
jetzt, da diese Plag vorbei –,
aufgereiht brav Ei bei Ei.

Erstaunlich, welchen „Weitblick“ Hasen,
gepaart mit feinsten Schnuppernasen,
im Verlauf ihrer langen Evolution
durch so manche hoppelnde Generation –
die voluminösen Lauscher nicht zu vergessen
und erst die immensen Fortpflanzungsgaben –
entwickelt und erhalten haben!

Wie konnten diese Tiere ahnen, dass ich (nicht fähig,
„was anzumahnen“),
diesmal nicht von der trauten FU – jetzt spitze die
Ohren!
Nein, von der VBL (!) ging mir eine Korrektur nun zu!
Ich nehm's erstmal dankend – doch innerlich
schwankend!
Was sagste nu?

„LEBEN“

Das ist dein Berg! Du musst hinauf!
Du kletterst, strauchelst, gibst fast auf!
So vieles scheint dir ungewiss,
oft weißt du kaum noch, wer du bist.
Erneut gefasst die Lebensleine,
tust du gemess’nen Schritts das Deine.
Der Jahre Aufwärts leitet hin
zu besserem Ziel, ganz anderem Sinn.
Du hast’s geschafft – die Aussicht lohnt!
Nur wer hier off’nen Auges „thront“,
dem hat als große Gnad’ das Leben
den Blick für Schönheit jetzt gegeben!
Nimm tief sie auf! Du siehst sie anders,
als wenn sehr jung du „unten“ wanderst.

Wenn du genossen „oben“ – ehrlich! –,
ist dann der Abstieg so beschwerlich?
Das Schicksal will’s dir leichter machen –
bewahr dafür im Aug’ ein Lachen!
Komm talwärts doch gelöst und selig!
Auch „Almabtrieb“ ist bunt und fröhlich!
Nur wer ganz oben war, ganz unten,
erwirbt die Kraft für Schicksalsstunden.

Du liebe Zeit – ich denk da Sachen!
Ich wollte Sie nicht traurig machen!
Verzeihung sei mir mild gewährt
von einem Menschen, der verehrt!
Die Absicht war, zu geben Mut,
weil letztlich manches doch wird gut!

Ich wollte nicht zu nahe treten
mit meinem „Altersweisheitströten“.

Nur ein Vergleich noch mit dem Wein:
Er kann erst reif und würzig sein,
wenn Sonne, Wind und Regen werken
und dadurch Widerstandskraft stärken!

In diesem Sinne – alles Liebe und Gute!

Aussichtslos

Von Menschen gemachte Katastrophen –
Kriege und Klima –, nicht zu doopen.

Wir sind geboren zum Lösen von Problemen!
Dessen braucht sich wohl keiner zu schämen!
Sie zu beherrschen, ist uns bestimmt,
fragt sich, woher man die Kräfte nimmt.

Was wird aus Pflanzen denn und Tieren?
Das wird den MOB kaum interessieren!
Ohne Gefühl! Nur Eigensucht!
Wo soll das denn hin? Verflucht!

Wenn Krieg und Lügen nur grassieren –
wer soll das primitive Pack kurieren?
Gemeinheit, Habgier – diese Sachen
werden die Welt nicht besser machen!

Eine Minderheit hofft tatsächlich auf Güte
und betet, dass die Allmacht sie behüte!
Den Schlechten geht es richtig gut!!!
Da steigt im Idealisten – die WUT!

Mit Einfalt ist da nichts genutzt,
Empfinden wird glatt weggeputzt!

Es gebiert so manche Mutter
hoffnungsvoll – Kanonenfutter!!!
Nimmt der Wahnsinn seinen Lauf!
Hört das Grauen niemals auf?

Die Lösung – eine harte Nuss,
Beschäftigung für Sisyphus!

Die meisten haben einen Knall!
So war's schon nach dem Sündenfall!
Sie finden nicht zurück zum Guten!
Ist das der Erde zuzumuten?
Seit Urzeiten haben Menschen nen Stich!
Wird sich das ändern? Leider nicht!

Was soll aus dieser Menschheit werden?

FRIEDEN!

(ohne sie hier auf Erden)

An Altersgenossen

(nicht wie modern „/-innen“, sonst tu ich gar nicht erst beginnen)

Wirst du gefragt nach deiner „Jugend“,
mach aus der Wahrheit keine Tugend!
Umgehst du kokett und süffisant dein Alter –
mein Gott, Walter!

Was du nicht ahnst –
du sprichst versehentlich die Wahrheit!
Du winkst ab und sagst nicht mit
der größten Klarheit:

„Jahre??? Ach(t)zig!“

Durch Ungewissheit, die entstanden,
kommt die Realität abhanden!
Aber: Jetzt kommt die Wahrheit zutage:
Mitte achtzig (knapp gerechnet), ohne Frage!

Vom Leben gebeutelt her und hin,
weißt du, das ist dieses Lebens Sinn!
Um zu reifen, muss man sich plagen –
so ist das mit den Erdentagen!

Nun modisch silbergrau die Haare –
und das ganz ohne chemische Farbe!
Wir brauchen keinen berühmten Coiffeur,
die Zeit „zauberte“ uns die Couleur!

Man stärkt unsere Augen
durch kunstvolles Glas – die Brille!

Das ist des Schicksals gnädiger Wille!
Wir sehen jetzt sowieso mit anderen Augen,
die sollen nicht mehr oft zum Realismus taugen!
Das schont die Nerven, weil viel ist nicht gut!
Könnten wir klar sehen, überkäm uns die Wut!

Mit den Ohren hat man manchmal seine Last,
weil man akustisch den Sinn fremder Rede verpasst,
aber: Das ist schließlich nicht so verkehrt,
alles zu hören – ist oft nichts wert!

Die Zähne – wie Perlen – superweiß (!)
(gut zu verwahren, leicht zu entkeimen),
sie hatten beim Techniker auch ihren Preis!
Jetzt hast du aber (wenn du Glück hast)
den richtiges Biss!
Wenn das mal keine Entschädigung ist!

Die Hüftgelenke und so weiter, z. B. Knie, Knochen und Finger,
heute verbogene, faltige Dinger!
Die Zeit schicker Ringe ist fast ganz vorbei,
die fanden Ruhe im Kasten – kaum nochmal frei!

Die Füße werden immer dicker und breiter!
Gell? Diese Fakten stimmen heiter?

Das Skelett auch teilweise kräftig verbogen!
Eine Krücke soll's richten! – Nicht gelogen!
Auch ein Korsett, das Halt dir gibt,
ist bei vielen nicht beliebt!

Ach ja! Dein HERZ ist schließlich auch noch da!
Es stottert öfter mal, na ja!
Mit letzter Kraft ließ sich's nicht lumpen
und tat dann tapfer weiterpumpen!

Zum Glück gibt's noch den inneren Halt,
die Seele ist noch lang nicht kalt!
Sie ist die letzte große Kraft,
die Lebensmut dir schafft!
Die lasse dir nur niemals stören!
Meine tut's nicht, das kann ich schwören!

Und: gute Gedanken!
Egal worum sie sich ranken!

Was Schlimmes ist auch das Vergessen!
Ein toller Einfall kam beim Essen!
Ein bisschen später? Ich hab's vergessen!
Die beste Idee – einfach weg!
Was man nicht vergisst? Den Schreck!
Folgendes kann ich nur jedem raten:
Hauptsache ist, ihr vergesst nicht das Atmen!

Wovon man nicht spricht:
oh Jammer, die Blase –
sie hat gemeinsam etliches mit der Nase:
Wenn sie gestresst, sind beide gefüllt,
auch wenn du selbst das gar nicht willst!
Du meinst: Bleib ganz ruhig!
Bist überzeugt:
Jawohl, das tu ich.
Und dann, viel schneller, als man denken kann,
fangen beide eilig zu laufen an.

Nicht auf dem schnellsten Weg nach Hause,
nein! Kraftvoll, leise – ohne Pause!

Für dies Fiasko gibt's eine Lösung,
sagt der Psychiater! Hoffnung vermittelt,
ja, das hat er!
Es wurde alles brav probiert,
bis „man“ daran die Lust verliert!

Tja: Erfolg der Therapie? Stellte sich ein niemals, nie!

Das Wasser läuft noch glatt hinaus!
Jedoch: Ich mach' mir nichts mehr draus!

Hat „man“ sich das denn so vorgestellt?
Es ist halt so auf dieser Welt!
Weitermachen! Weiter reifen!
Immer nach den Sternen greifen!

Wenn jeder das alles gewissenhaft tut,
dann:
geht es vielleicht noch 'ne Weile ganz gut!!!

PS: Unsere Welt ist oft nicht lustig.
Ihr fehlt viel Humor!
Wenn du den nicht hast,
dann sieh dich vor!!!

A.H. 2/22

Feststellung: Im Alter werden wir immer knackiger –
mal knackt es hier, mal dort!

Mein Lebensmotto: Oben fit und unten dicht,
mehr wünsch ich mir fürs Leben nicht!!!

Elefantenhaut

E in Mensch, der ziemlich zart besaitet,
L ässt sich verletzt, im Stolz, beleidigt,
E ben öfter als vonnöten
F ädchen seiner Nerven töten.
A ber statt zu denken, trotzig:
N a und, die Leut' sind hinterfotzig,
T ut er genau, was diese wollen;
E r wird weidwund heimlich schmollen.
N üchtern sollte er bedenken:
H a! Wer darf mich eigentlich kränken?
A ch, das bestimm' ich doch allein,
wer kann denn schon soo wichtig sein?
U nruh, Streit, Gehässigkeit
T un mir nichts, mein Kreuz ist breit!

DEINE COUCHES
oder
ALLER GUTEN DINGE SIND DREI

Du hattest lange eine Couch!
In memoriam denkt man: „AUTSCH!“
Zwar war sie vom Feinsten, mit Daunen gefedert,
das Hinterteil wurde nicht abgeledert,
doch brach fast in Stücken – dein Rücken.

Sie putzte den Raum mit fürstlichem GRÜN,
ließ bei Sonnenbestrahlung die Samtglut erglüh'n!
Ein Markenzeichen: Wer hier sitzt, ist reich,
für verwöhnte POPOCHEN niemals zu weich!

Aus ganz bestimmtem Grund
(gell, dein Herzel war dir wund?)
hast du dich von ihr getrennt,
heimlich ein bisschen drum geflennt?

Ihr folgte aber ein lieber ERSATZ,
stabil, wie er nervlich gepolstert, dein SCHATZ.
Was konnte man auf ihr lange ruh'n,
ohne den Wirbeln weh zu tun.
So manche Stunde abgesessen
bei Fernsehen, Kaffee, Abendessen,
auf ihr wars gemütlich,
sie tat einem gütlich.

So, wie’s nun mal im Leben spielt,
haben unberechtigterweise (so ne Sch…!)
nach deinem Eigentum geschielt,
und nicht nur das: Sie holten sie schon!
Ein feines Verhalten von SOHN & SOHN!
Doch sei nicht verzweifelt,
denn dadurch „reifelt“
in dir ein ganz toller Plan:

Die „NEUE“ passt du nun dem Wohnstil an,
der dein Zimmer – auch farblich – phantastisch ergänzt,
damit dein Salon in Harmonie glänzt!

In Zukunft musst du dich drauf spitzen,
du wirst nicht immer alleine sitzen,
es kann nämlich sein, dass brav und bieder
deine Freundin kommt mal wieder.
Dann werden wir voller Entzücken
durch Flimmerscheibe in Ferne entrücken.

Auf geblümter Pracht, verbrämt mit Schabracken,
unsere zierlichen, rosigen Backen.

Hör gut hin, was dir flüstert die OTTOMANE:
„Angela trinkt Kaffee nur mit Sahne!“

Deine liebe Freundin

Spendierte Autowäsche

Weil momentan viel fraglich ist,
zusammenhängend mit ner „Frist“,
Problem der Welt – das liebe Geld –,
damit zu schwer es dir nicht fällt,
spring ich für dich heut in die Bresche,
spendiere dir die Autowäsche!
Von allen Seiten, unten, oben,
des Motors Reinheit wird man loben,
wenn du dann vorfährst keck beim TÜV.
(Man braucht halt öfter mal’ nen Kniff.)
So richtig gründlich reingeputzt
(was langem Autoleben nutzt),
soll stets der BLAUE munter rollen –
ich tu euch Gutes wünschen wollen!
Kommt beide immer heil zurück!
In diesem Sinne dann: VIEL GLÜCK!

Einladung von Elvi

Du hast uns heute eingeladen.
Zu Torte, Pudding Schweinebraten?
(Ach nein, ich hab mich wohl geirrt,
vor Hunger ist mein Geist verwirrt!)

Sei durch die Worte nicht erbost!
In diesem Falle sei getrost:
In fünfzig Jahren frei von Problemen,
müssen wir uns nicht mehr schämen
über eine zu üppige Figur,
da liegt dann hinter uns die „Kur“:
Nur Größe null ist noch zu tragen,
der Modemacher wird verzagen:
Für die „Gestelle“ nix Spezialist,
wir sind dann viel schlanker,
als lieb es uns ist!

In diesem Sinne: Noch einmal essen!
Ich will mich gern durch den Rockbund pressen,
probieren all die Köstlichkeiten,
zum letzten „Ma(h)le“ mit mir streiten.

ELVIS Speisenfolge ist immer ein Hit,
macht doch bitte nur heute noch mit!
Ab morgen erlischt jegliches Interesse,
die Ausnahme bildet nur dies Töpfchen Kresse!

Es wäre doch nun wohl gelacht:
„vom Miederhöschen umgebracht“??

VERSCHIEDENES

Dank

Wie hat mich überrascht dies Blühen
am Tagesschluss, nach all den Mühen –
der Strauß vom Blütenkomponisten,
unübertroffenem Floristen!

Nachdem vom „Schock“ nicht mehr benommen,
ist klar: Der CLOU ist „angekommen“.
Bleibt mir nur zu danken heute!
In dieser Welt gibt’s nette Leute!

Mit Freude macht man lange Beine
dem stursten aller Krankheitskeime!
Die Therapie ist gut gewesen,
inzwischen bin ich fast genesen.

Ich wünsche Ihnen frohe PFINGSTEN
und bleibe „pöstlich“ stets zu Diensten.

(OP) „Operation“

Das ist vielleicht ein Protokoll,
in dem vermerkt fest werden soll,
dass „ANNA“ hat sogar gelogen,
als man die Wunde zugezogen.
Obwohl, ich will nicht grad bestreiten,
dass Unrecht war dies Wegbeschreiten:
In diesem Sinne denk ich dran,
dass man auch mit dem KATER dann –
um es mal einfach zu beschreiben –
ein kleines Wortspiel kann betreiben:

Ich habe nämlich was entdeckt:
von „Kater lügt“ das Imperfekt!
Nun, diese Schreibweise doch trog,
es heißt dann nämlich KATALOG!

Wobei ich beinah übersah,
dass ANNA auch nicht richtig war!

„Diktat“ über Stenorette

Wenn ich katholisch würde sein,
bildete ich Folgendes mir ein:

Das ZISCHELN und NUSCHELN ständig im Ohr –
so stell ich mir ewige Qualen vor.
Das nervt noch Tote ungeheuer!
Auf Erden nennt man's FEGEFEUER.

Was nützt es mir, Protest zu starten,
ich muss dann halt ergebenst warten,
bis auch mal der „PIESACKER“ stirbt
und damit seine STRAF‘ erwirbt.

Mit frommen Wünschen,

A. H.

Diktat OA

Die DISZIPLIN kam nicht von ungefähr!
Der ernste Oberarzt – ein Herr,
der sicher flipout nicht gern sieht,
obwohl auch mal ein Lächeln tritt
auf seine wohlbehaarten Züge.
Straft er damit vielleicht die Haltung Lüge(n)?

Vielleicht stimmt ihn auch kurz mal froh
die Schwester „MAXE“, ist es so?

Berichterstattung akkurat!
Wie man das zu erwarten hat –
über präzisen Zugang zum Organ,
durch das man sich entgiften kann,
gesprochen mit so viel Noblesse!
(Man hört ganz gern was aus dem Munde.)

Pech

Es kam zu ganz besonderem Fall
durch „Allokok“ entstandenen Drall:
Er streckte von sich alle viere,
„berührte“ unglücklich die Niere
und trug durch die verschrobene Stellung
davon am Weichteil eine Prellung!

Das „Saufen“ hat erst einen Sinn,
wenn du es kannst!
(Sonst legst dich hin.)

„Was Nettes“

Begleitend für den ganzen Tag
mit allem Schiet und Ungemach,
mit Plüddenkram und mieser Stimmung,
mit negativer Volksgesinnung,
mit Wut, die in den Därmen grimmt,
mit Schauder, dass das Blut gerinnt,
vor aller dieser Alltagshetze
und Hickhack, Trubel und Gewetze …

Ach Gott, das sollt’ was Nettes werden,
stattdessen Häufung von Beschwerden!

Was wurde hier denn aufgetischt?
Mit Frohsinn ist wohl heute nüscht?
Wo bleibt denn all das Positive,
das frohe Lebensgeister „riefe“?

Zum Schluss wird nicht mal ausgeschlossen,
dass man doch glatt vorbeigeschossen
an dem, was wirklich „LEBEN“ heißt,
das ist von unserer Zeit der Geist.

Ein gutes Wort in samt’ne Lauscher
ist oft der beste Launentauscher,
wenn das dringt in fast „stumpfe“ Ohren,
fühlt man sich bald wie neu geboren.

Obwohl: Ganz früh auf dieser Welt
ist einem vieles auch vergällt!

Timm

Wer stets sich muss für andere schinden,
der sollte auch die Zeit mal finden,
mit guten Gaben der Natur
zu pflegen die Gesichtsstruktur,
damit erhalten bleib die Frische,
zu wirken wiederum am „Tische“.

Verpackt im Schuhkarton - Honig

Ein Ara ist es sicher nicht,
der aus der roten Pappe spricht,
auch keine Tickets nach „Verona“,
nur Typ verpackter Füßeschoner.

Jedoch aus dem Bereiche „TIER“
ist die bescheidene Gabe hier –
in Anlehnung an ARBEITSBIENEN,
die allerhöchstes Lob verdienen!
Ihr steter FLEIß ist sehr vonnöten,
sonst hieße es das Volk zu töten,
denn nur die KÖNIGIN kriegt Saft,
mit dessen Kraft sie Völker schafft.

Ein bisschen davon abgezwackt,
ins Glas gefüllt und gut verpackt,
damit so auch – zwar abgewandelt –
der Wundersaft, um den’s sich handelt,
in unsrem GRAUEN HAUS d i e BIENE,
die sich verausgabt froher Miene,
als kleinen DANK dies Päckchen kriegt,
bevor sie mit der LOK entflieht!

OP-Bericht

Wie gewünscht: noch ’n Gedicht!

Die Söhn’ ins Bett das Wasser lassen,
der Vater tut das auch (sehr hassen);
die arme Mutter vielmehr noch –
ist sie die Wäscheköchin doch!

Das Ärztlein hat sich soo geschunden,
bei Pinkelprüfung nichts gefunden!
So hat denn wohl – wie du ooch wullt –
die arme Seele wieder schuld!

Moral:
Was durch Gerät nicht zu belegen,
nicht existent ist! (Welch ein Segen!)

Meine Beurteilung (frei nach Kohl):
– Ihr Diktat betreffend –

Verminderte dynamische Diktieraktivität
bei fehlendem Richtigstand der von Natur aus –
wenn überhaupt – ursprünglichen und
gebrauchsbedingter
Störung der Beißwerkzeuge bei bekannter
Fressinkontinenz.

Wunderliche OP

Was kann dafür dies kleine Wesen,
dass es ermutigt noch zu Späßen?
Sooo klein ist's wieder auch nicht: sechs –
und schleppt 'nen Wasserbeutel, rechts;
wirft Zweifel auf ob dieser Moden,
zu pendeln einfach mit den Hoden.
In dieser zarten Kindheit – Jesus! –
wurd' ihm gemacht schon der Processus!
Damit nun nicht noch mehr passiert,
wird das Geschlampre jetzt pexiert.
Der Vorsicht halber, ja, das soll ma(n),
tut's unter Gonnermann'scher Aufsicht: Volmer;
dann auch mit Tabaksbeutel-Naht,
obwohl's da drin keinen Tabak hat!
Die Tunica, getönt „sehr rosa",
wurde geheftet „per famosa"
sehr sinnig falsch nach Salomon
in einer Stunde. Auf und von!

Hydrocele testis rechts,
Pendelhoden und offener Processus vaginalis links.

Hydrozelen-OP nach Solomon rechts,
Verschluss des Processus vaginalis,
Orchidopexie links.

Wanted

Ein Mann, der schüchtern-freundlich grinst,
dabei aus Augenwinkeln linst,
ob irgendetwas denn besteht,
was ihm eventuell entgeht,
der seinen Schritt verhält so eilig,
den Blick oft senkt – zum Schein nur heilig –,
die Hand geballt, die Schulter eckig,
der Kittel weiß, kein bisschen dreckig,
das Ohr gedrillt für Dienstgequake
(ach nein, das macht ja seine Krake),
der durch die Sprache schon besticht,
in jedem Arm hält er ein Licht,
umgeben von der eigenen Mauer!
Das ist doch unser Ober(schlauer)?

Gereimtes Pendant aus der Sicht einer von der Technik völlig Unberührbaren

Einer unserer Ärzte diktierte eine Computeranleitung für seine Kollegen.
Beim Schreiben wurde mir ob des Gehörten schwindlig und ich verfasste daraufhin folgende Verse.

Der Computer
Sollt es tatsächlich wem gelingen,
durch diesen Wortwust vorzudringen –
was eigentlich die Absicht ist –,
dass er noch Spaß hat und vergisst,
dass häufig er viel Tragik speichert,
das richtig schafft,
der ist erleichtert!

Wer bei dem „Klartext“ nicht verzweifelt
und den Computer nicht verteufelt,
die Nerven anspannt und den „Kopp“,
erleidet dabei keinen Flop,
der noch bereit ist, zu riskieren,
dem muss man neidlos gratulieren!

Wer mit dem ganzen „Kram“ nicht klar,
findet ’ne andere Lösung gar:
Der holt sich von Diskette sieben
’nen anderen Vorschlag nach Belieben –
nach laangem Suchen, nicht sofort!
’nen Hilfsplan dann für Eigenmord!

Nimmt in sich auf präzise Weisung,
empfindet's fast als Seligpreisung:
Ganz deutlich fleht Herr Hackethal:
„Versuch es doch! Befrei dich mal!"

Find't er den Vorschlag nicht okay
hab' ich 'ne andere Idee;
S' erscheint – bestückt mit Vorderlader(n)
– fehlt ihm der Mut –,
ein Mordgeschwader!

Moral: keine mehr.

Jedoch:

Du sollst trotzdem nicht gleich verzweifeln,
wenn auch zuspät – wirst du's begreifen!

Die Sekretärin

Im Dienst verheizt und ausgebrannt!!!
Was Nerven sind, ist gut bekannt!!!

Parforcejagd ist zwar heut verboten – mit Tieren! –,
doch auch mit Menschen bringt sie Spaß –
bis die dann gehen auf allen vieren!

Ich glaub, die BfA mit ihrem guten Namen
zahlt Prämien für „verschlissene" Damen
dem Institut, das Arbeit gibt –
damit man nicht zu lange liebt
das Leben (in der Tagesmühle),
in dem kaum Platz ist für Gefühle,
für Menschlichkeit, die man halt braucht
(wenn sie auch leicht nur angehaucht),
um froh das Tagewerk zu schaffen!
Stattdessen macht man sie zu Affen!
„Gib Pfötchen, lächle, nicke, hacke
auf dem Computer stets Attacke!
Das wissen wohl die „Psychologen":
Blickabgewandt wird selbstbetrogen!

Die Telefone – Dauersummer –
dringen bohrend in den Schlummer,
sie hockt im Bett nach dem Gehetze,
spricht träumend endlos lange Sätze:
„Jawohl, Herr Doktor, wenn gleich schon
der Schwiegermutter Freundin Sohn,
dem es an der Gesundheit fehlte,
weil er nicht schlief und Schafe zählte,
würd' er sich richtig ausarbeiten,

müsste seine Frau nicht streiten
ob Langeweile und so weiter …“
Ach, die Gespräche sind ganz heiter …!

Wie hat sie angeborenermaßen
Sich gern gequält durch alle Phasen,
die Pflichtbewusstsein ihr geboten!
Kommt Dank ihr aus dem Reich der Toten?

Wenn doch der Halbgott es nur wüsste,
dass er sie auch behandeln müsste
wie den Mercedes, der gewartet,
damit sein Motor nicht entartet.

So lebt sie täglich „chefsynchron“,
kennt jede Schwingung in dem Ton,
der Tadel oder Gleichmut kündet,
ist mehr auf nur Verderb verbündet.

Das muss beim Zeus jedoch nicht heißen,
dass sie – falls er ein Vegetarier –
zur selben Zeit ins Gras muss beißen!
Dem einen ist dies Preis für Müh,
dem anderen ist es viel zu früh!

Der Eine liebt sehr lange Zahle;
der Andere hat noch Ideale.

Urlaub Peter

Wer da auf ein Gedicht geeicht,
dem wird es schnellstens nachgereicht,
damit nicht, weil er nie eins kriegt,
er daraufhin im Argen liegt
mit einer kollegialen Schreibkraft,
die sonst für andere nebenbei „schafft“.

Die Zeitnot schwungvoll übersprungen,
sei Folgendes zum Lob gesungen
der Dame, die durch alles blickt,
Verborgenes ins Blickfeld rückt:
Das Haus-, Sport- und Familien-Ass
vor Pflichtbewusstsein ganz vergaß,
dass seine Finger fast gebrochen,
schließlich kann man so noch „lofen“,
die Beine war'n ja nicht betroffen!
Dumpf dröhnt's im Kopf, der Magen krampft,
kein Blutdruck mehr, der Motor dampft!

Um diesem Zustand zu entfliehen,
wird urlaubsreif sie diesmal ziehen
in Richtung auf den alten Osten!
In schöner Heimat kommt auf Kosten
an Steilküste und blauem Meer
mit Mann (und Kind?) der Urlaubeer.
Ich hab die Insel mir besehn
und hoffe heiß, sie wird so schön,
wie längst versunk'ne Pracht lässt ahnen!
NICHTS soll mehr an die Ära mahnen,
des Glückes frei –
für alle Zeiten nun vorbei!

Und wie der hehre Königsstuhl
bleibe sie stets liebevoll,
stark und in den Himmel ragend,
der Felsen – die Familie tragend!

Vernunft

Ein Mensch vom Schicksal kriegt' nen Schuss,
es dämmert ihm: „Mensch – doch nicht Schluss!"
Danach folgt Einsicht, das soll's geben,
du darfst noch wirken (!) – aber leben!

Der Mensch, erhaben, abgeklärt,
in Zukunft die Umgebung lehrt:
Beruf, Karriere sind zwar wichtig,
gemischt mit „Menschsein" – das ist richtig!

Moral:
Stets innerlicher Widerstreit: „Hab ich nun Zeit?
Hab keine Zeit?"
(Wer keine hat, der hat dann Zeit.)

Unserem Stress-Man (Kur)

Ein Mensch, der überall sein kann,
das gibt es nicht?
Sind wir dumm dran!
Es gibt ihn doch! – Herrn Gartemann!
Der harte Mann –
oft regt er uns zum Stöhnen an,
weil man ihm nichts verbergen kann –
der sieht die Sünden jedem an!

Er wirbelt durch den Saal beim Essen,
tut alle mit „Beachtung“ stressen.
Der Mensch hat Augen – mit Facetten!
Fünfhundert Stück! Na, woll’n wir wetten?

Manch Magen hängt – was soll er machen?
(Da hängen noch ganz andere Sachen –
wie Kleidung – unbrauchbar herum!
Beachtet mal das Publikum.)

Schmerzverzerrt und gramgebeucht,
so mancher an den Teller fleucht!
Ein dünnes Scheibchen Fleischeslust,
durchbrochen von Aspik – bewusst!
Durch diese Scheib’ hindurchgeguckt,
siehst du noch, wie der Nachbar zuckt,
wenn er ein Häppchen Butter nimmt,
damit die Nerven freundlich stimmt!

Der grüne, schwarze, rote Tee,
der ist gesund! Ojemine!
Dazu ein Stückchen Knäckebrot –
davon geht jeder Bandwurm tot!
Gedärme knurr'n ganz infernalisch,
da wirst du plötzlich musikalisch!
Konnt'st einmal du ganz gut trompeten,
gehst du mit Sicherheit bald flöten!
Nur glückliche Gesichter seh
ich immer am Salatbüfett!
Tomaten, Bohnen, Sellerie –
die stimmen fröhlich nun wie nie!
Zu bremsen jeden Übermut,
tut grüne Gurkentunke gut!
Um Himmels willen – keinen Rahm!
Da wird entwöhnter Körper gram!

Frau Sackert stöhnt: „Dat sauere Gemüse,
dat geht mir auf die Zirbeldrüse.
Ich geh mal lieber inhalieren,
bis graue Wölkchen mich verzieren!"

Mein Gegenüber, die Frau Klein,
die sagt bei Assugrin strikt: „Nein!
Das süße Zeug bringt mir nur Harm,
verstimmt den Magen, wühlt im Darm!"

Links von mir, die flotte Biene,
übt fleißig Heimwehleidensmiene!
Bei unsrer „Frei"-Frau Offern
ist da auf Änderung nicht zu hoffe(r)n.

Nur Zappeln im Wasser stimmt sie froh –
es schwinden rasch Pfund und Kilooo.
Sie tat sich wirklich streng erziehen,
beherrscht ’s Metier der Kalorien!
Ich selber putzte weg die Reste.
Ich präple immer gerne, feste!
Denn davon werde ich nicht krank,
Anstrengung ist doch gut – macht schlank!

Der Lang(e), Wolfgang hat gesproche,
als hungrig er ins Bett gekroche:
Nur ei Sekund bin ich daheim,
da schneid ich aber wieder Schei’m
vom Käse, Schinke – aus der Nuss!
Der Traum allein ist Hochgenuss!
Doch wer da denkt, um mir zu schade,
tu ich des alles auf mich lade,
der ist dem Irrtum glatt erlege!
Mich tut ein annerer Grund bewege:
Die Rheumaklinik muss bestehe!
Gewicht muss nauf un nunner gehe!
Denn wenn wir fett und krank sind – ha! –,
dann sind wir all’ drei Jahre da!
Was könnt man sich noch mehr denn wünsche
als so paar überschüssig Pfündsche!
(Bei ab und zu so ganz klei’m Sündche?)
Dann sind wir leidend neu vereint?
Willst wisse, wie des war gemeint?
Nur Kameradschaft hat’s betroffe!
Echt leide soll keiner, des bleibt zu hoffe!
Aber: Net gleich in d’ alte Trott sinke!
Des würd dem Abbeitgeber stinke!

(Ganz langsam in den Zustand schleiche –
drauf will ich allen Contrex reiche!)

Im Ganzen wurde brav gekurt,
da haben alle toll gespurt!
Auf alle Fäll' war aktiv bei
die Mannschaft von dem Tisch vier-drei (43).

Beim Esse wer'n wir wieder zähe,
wir woll'n den Gart'mann wiedersehe!!!

Wiedersehen nach 50 Jahren mit meiner Schulfreundin Irene

(anlässlich der goldenen Konfirmation)

Vom ersten Überschwang der Wiedersehensfreude
nun „genesen",
Dankbarkeit der Schicksalsmacht, die es gewesen,
dass wir nach 50 Jahren heil und fröhlich kamen,
am Ort der Kindheit und der Zuflucht
uns in die Arme nahmen!
Ein starkes Erlebnis in nüchterner Welt,
ein Stück Geborgenheit, die vielen fehlt.

Wir möchten es bewahren! Wenn räumlich auch
getrennt,
leben Vergangenheit und Zukunft durch's Telefon,
wenn es mal „brennt".
Mein linkes Ohr bleibt stets Dir offen
(da hör' ich nämlich besser)
doch ist das andere auch nicht direkt verschlossen!

Ja, nun sind auch wir soweit, dass wir sagen:
„Damals war's", „Weisst Du noch?"
Durch erschwerte Startbedingungen ins Leben hat
unsere Generation aber bestimmt größtenteils gelernt,
sich <u>nie</u> unterkriegen zulassen, wir sind stark geworden!

1999

Kur 1974

Es stürmt und schneit in höherer Lage,
hier unten wird der Regen zur Plage.
Das Gras wächst noch nicht,
doch dafür der Bauch,
drum sind wir Stammkunden
im Hallenbad auch.

Berlin ist vergessen, ich bin ganz friedlich.
Ich schreib nur ne Karte, weil das so üblich.
Nur weil es sein muss, kommt dieser Gruß!
Die Nerven genesen so weit ab vom Schuss.
Der zweite Grund, weswegen ich schreibe,
dass ich noch vier Wochen bleibe!

Kur in Bad Driburg

So man es mit dem Darme hat,
ist eine Freude dieses Bad!
Man schlürft die Brunnen unermüdlich,
das macht den ganzen Körper friedlich.
Und schmerzen dann noch deine Knochen,
wirst du ins Bad mit Moor „gestochen".
Sind deine Nerven ganz durchhin,
hat Brom im Sprudelbad schon Sinn.
Wer Kummer mit Gelenken hat,
dem hilft dann ein Bewegungsbad.
So wird gekurt, im Grün gewandelt,
geschwommen und der Speck behandelt,
auf dass ein neuer Mensch man werde,
die Kraft dazu gibt still die Erde.

ABSCHIED

Michel

Dem Glücklichen schlägt keine Stunde?
Gefehlt! Auch ihm tickt die Sekunde.
Ein Mensch mit wenig Zeitgefühl
taucht unter und erreicht nicht viel;
er dünkt sich glücklich, glaubt sich frei
und denkt haarscharf am Kern vorbei.
Der Hippie glaubt die Welt voll Blüten,
verliert sich ganz – er sollt' sich hüten!
Ein andrer träumt gern morgens lange,
um Pünktlichkeit ist ihm nicht bange,
und einer feilscht schier um Minuten,
muss sich Zeit seines Lebens sputen;
auch das ist letztlich ungesund,
die Magenschleimhaut wird ihm wund.
Um nun den richt'gen Dreh zu finden,
muss jeder etwas überwinden.
Dass dies „Ding" weckt Realitäten,
dafür woll'n die Kollegen beten.
Der Countdown läuft jetzt,
daran ist nichts zu retten,
es wird schon schiefgehen,
woll'n wir wetten?
Gleich klingelt's vor der großen Fahrt –
toi, toi, toi zum neuen Start!

Abschied

Wen Abschied nicht ein bisschen zwickt –
auch wenn er selber sich anschickt,
aus freien Stücken „was“ zu lassen
und anderwärts sich anzupassen,
dem es zu viel nicht grad bedeutet,
dass er sich von Gewohnheit häutet,
der tut, als ob ihn das nicht packt,
dass alles bereits eingesackt –,
den muss man sicher erst gebären
und mit ihm dann die Sache klären,
dass man ihm wünscht für alle Fälle
stets Aufwind, eine tolle Stelle,
die ausfüllt voll ein gutes Leben,
was kann es dann noch Größeres geben?

Eines dürfen Sie noch wissen:
dass viele Sie hier ungern missen!

Abschied eines Doktors

Ein Mensch, der andern helfen wollte,
aus Buch und Praxis Wissen holte.
Der stets um Menschlichkeit Bemühte
ganz trefflich eint Humor mit Güte!
Durch manchen Wirbel mit den Kranken,
da war er oftmals in Gedanken!
Da kam es auch schon einmal vor,
dass er Konzentration verlor,
bald Feuerzeug und Akten suchte
(ob er dabei wohl auch mal fluchte?).
Wie liebenswert sind kleine Schwächen,
glatt an Persönlichkeit zerbrechen.
War's mir ums Herze einmal bang,
da lachte einer – Gott sei Dank!
Dass er dies hier nun nicht mehr tut,
das find ich überhaupt nicht gut!
Weil's, wenn's auch schwerfällt, will der Brauch,
so wünsch ich ihm viel Gutes auch,
er möge andre nun beglücken
mit seinem Spaß, benutzt als Krücken.

Die Abschiedsgabe sei mein Vers,
ich legte rein mein ganzes Herz,
wenn das auch wohl nicht ganz so scheint,
und eine „Vase" ganz voll Tränen –
alle selbst geweint!

Alle guten Wünsche für die Zukunft, Dr. Haßelmann

Berlin, 03.06.1985

„FINALE BERLIN" – immerhin
ein Grund (in zweierlei Sinn), um ein Fazit zu ziehn:

1945 – wem dabei nur einfällt: „Aus!", der irrt sich!
Was wirklich beendet war: ein Krieg,
doch mit dem Phönix ein andres Leben der Asche
entstieg,
nämlich als ganz kleines Mädchen,
umhegt von Mutters Lieb' und Güte,
im Garten von Eichkamp ganz prächtig erblühte:

Frau GROBLEBEN, wie wir alle sie kennen,
bei der Arbeit korrekt, da gibt es kein „Pennen",
seit nunmehr zwölf Jahren im Kreis der Kollegen
tat sie so manchen Patienten „bewegen",
um anhand von sehr exakten Bildern
den Ärzten deren Innenleben zu schildern.
Auch ist sie die Ordnung in Person!
Karteikarten ordnen, wer kann denn das schon
(so kartegorisch, folgerichtig)?
Der Punkt ist ungeheuer wichtig!
Keiner hat das im Griff wie sie,
deshalb glaubten wir, geht es ohne sie nie!

Doch nun wird es schmerzlich –
es ist nicht zu fassen!
Nach zwölf Jahren
will sie uns einfach verlassen!
Das heißt: Eigentlich möchte sie gar nicht –
sie muss!
Das ist klar, sonst gäbe es mit dem Manne Verdruss,

der mit ihr vieles im Leben teilt,
er ist das Pflaster, das alles heilt;
und wird in der Ferne den Schaffenskreis finden,
drum muss man mutig den Kummer verwinden!
Auf gute Zukunft muss man bauen,
trotzdem auf das schöne Vergangene schauen.Na klar, es
fällt schwer, auch das Surfbrett zu packen,
all das Liebgewordene einzusacken!
Aber der Wannsee zieht – und das ist ein Glück –
irgendwann alle Nestflüchter zurück!

Man packe auch nicht gleich alles in Eile!
Überlege sehr gründlich – dazu braucht man Weile!
Was man hier vielleicht lassen kann?
Uff 'n Koffer bei Muttan uff 'n Boden –
da kommt's doch nich an?

Was dann noch schwerfällt, könnt man sich denken:
das berufliche Leben ganz einzuschränken.
Andererseits: Mann, Häuschen und Garten
dürfen nun ihre ganze Liebe erwarten!
Wie blickt sie an jeder Blume Gesicht –
das ist viel gesünder als RÖ und künstliches Licht!

Wohl dem, der dann noch an Kindes statt
viele dankbare Igelkinder hat,
der nächtlich auch im Einsatz ist,
damit manch „Schmatzerchen“ auch frisst!

Wenn's nun nicht ist das Wellenreiten,
mögt ihr trotzdem durchs Leben gleiten –
auf Surfbrett oder Ski, egal,
GLÜCKLICHE JAHRE OHNE ZAHL!

Also: Kein Trauern beim FINALE!
Das klappt!
Wir wünschen's HERZLICH alle!

„Beckchen“

Unvergesslich bleibt vieles im Leben –
ob wir realistisch, ob traumwandelnd schweben.
Die Seele graviert in eigener Weise
Erlebtes – und zieht gedankliche Kreise.
Erinnerung an Arbeit und frohe Stunden,
an Mühe, Frohsinn und Schrecksekunden,
an Tage der Krankheit, an Gesundung,
an Gewichtsabnahme und folgende Rundung,
und Reisen!
Wem könnte dabei das Herz denn vereisen?
Aufgeschlossen für alles Schöne,
lässt man sich gern vom Leben „verwöhne“.
Erlebnisse aus Schicksals Tüte
formten wohl Humor und Güte.
Noch vieles mehr bleibt unvergessen –
so auch „BECKCHEN“ und heute dies
prächtige (Fr)Essen!

Herzlichen Dank für die liebe Einladung
und ALLES GUTE!

„zwei“ Zuckertüten

Wer lebenslang der WISSENSCHAFT gedient,
hat wohl Gestaltung eigenen Lebens nun verdient!

Ein Abschnitt, der sooo von Gewicht,
zeigt auf die Welt in anderem Licht!
Ist es sehr schwer, neu anzuheuern,
in ruhigere See zu steuern,
jetzt, wo die große Frage bleibt,
wie man sich denn Zeit vertreibt???

Ein gutes Schicksal mag Sie hüten,
es hält bereit „zwei“ ZUCKERTÜTEN!
Die erste, denk ich mir ganz kess,
versüßt vielleicht den Lernprozess,
von nun an Hobbys gut zu pflegen,
die stets den Pflichten unterlegen!
Die WUNDERTÜTE Nummer zwei
gefüllt mit Lebensfreude sei!

Pensionierung

Vom Sternbild her Bezeichnung „FISCH“,
jedoch nichts aalglatt, kalt – nur frisch!
Versteht auf Menschen einzugehen,
erweckt Vertrauen zum Geschehen,
das Krönung der Berufung heißt,
gepaart mit unwahrscheinlich wachem Geist.
Unübersehbar ist die Schar der Kranken,
die neue Lebensqualität ihm danken.
Der Meister hat den Schnitt gezogen,
so dass dem Laien blieb verborgen:
Was einfach scheint, ist größte Kunst!
Sein Schicksal schenkt’ ihm diese Gunst.
Auch half sein ganz besond’res Lächeln,
um die Besorgnis wegzufächeln!

Die ganze Stadt ist auf den Füßen,
um heute ehrenhaft zu grüßen,
um Glück zu wünschen allerenden
dem Manne mit den Heilerhänden!
Ihm bleib erhalten diese Art,
die Kranke vor der Angst bewahrt.

Sein wahrhaft reich erfülltes Leben
noch lange möge Kraft ihm geben!
Es mag dem Tatendrang nicht wehren,
so fortzuwirken und zu lehren!

Ein vielfach Hoch!
Salutschuss für den Mann vom Fach
und
für den Menschen

Rudolf Stellmach!

Abschied von Gerda

Es stand zwar heut nicht in der Zeitung,
dass endet nun die wack're Leitung,
der Posten in Nachfolge schlicht,
des „Obermimers" Engewicht,
doch hat es sich herumgesprochen,
dass diese Ära abgebrochen!

Von den Erinnyen umgarnt,
verurteilt, werkte GERDA ARNDT!
So trug sie bei mit Arbeitsfreude
zum Glücke recht konträrer Leute,
die nun ihr untergeben waren
im Klinikfrust seit einigen Jahren.

Oft übte sie sich in Geduld,
auch wenn der Maxe nicht so wullt',
die Meinungen verschiedener Schichten
genau wie SALOMON zu schlichten.
Mir würde bald die Seele hinken,
da könnt ich nicht nur Wasser trinken!
Das Essen machte mir nicht Spaß,
wenn ins Gemüt dringt Gilb und Fraß!

Ich mein, es war nicht immer leicht,
weil ja kein Ei dem andern gleicht.
Doch hat sie's tapfer durchgestanden,
um jetzt den tollsten Coup zu landen!
Sie muss nicht mehr der Arbeit frönen,
kann 's Leben ihrem Mann verschönen,
was, denk ich, weitaus besser ist,
als all der andere Alltagsmist!

Verträgt sie denn nun sooo viel „Ruhe“,
dass sie jetzt ablegt diese Schuhe,
die lautlos sie stets flitzen lassen,
um jeden Vorgang zu erfassen,
der anfällt im vertrauten Haus!?
Wie sieht’s ohne viel Menschen aus?
Wenn sie sehr klug ist, ohne Träne
verlässt sie lächelnd diese Szene,
die Frau, die gern Geschenke machte,
bei anderer Freud das Herz ihr lachte!

Bald macht sie kehrt, setzt sich in Marsch
und denkt vier Worte: „…“
(Nein, nein.)
„So das also warsch!!!“

Nachfolge

Wir hoffen, dass Ihr LÜCKENFÜLLER
das Zeug hat zu nem Aufstiegsknüller,
dass er, wenn vielleicht auch ein Süßer,
professionell kein LÜCKENBÜßER!

Dem Menschen nicht zu nah getreten,
darf man ganz stille sicher beten,
dass jemand folge Ihnen nach,
dem man nicht nachseufzt „Weh und Ach“.

Es beugt so eigennützig vor

der Poliklinik-Damenflor!

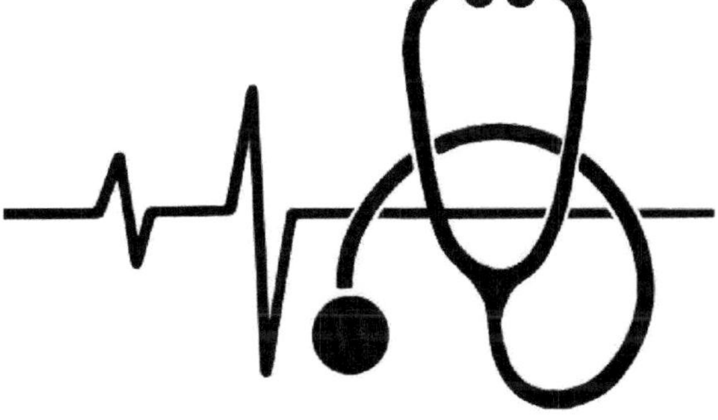

Ab ovo usque Abort (wie man in Deutschland sagt)

Der schwarze HERZBUB KHELOUFI
fand vieler Menschen Sympathie!
Er darf nicht mit dem Schicksal hadern
(Tunesierblut in Ahnenadern!).
Drum hat er auch ein SONNENWESEN
und menschlichen HUMOR – erlesen!
Er konnte hypereilig sein,
ein nettes Wort fiel stets ihm ein!
Mit lock'ren Sprüchen auf der Lippe
erheitert' er die KLINIKSIPPE.
Ja, ja, so war das KHE-FILOU –
des Hauses ganz besond'rer Clou!

Es wirkte neben Stress und Hetze
„beruhigend" noch sein „Gewetze".
Die Hektik hat er wohl vertuscht,
trotzdem am Menschen nie gepfuscht!
So wurden denn die kranken Leut'
von ihm mit Sorgfalt stets betreut.

Auch konnte er vor allen Dingen
TÖNE aus der KEHLE zwingen!
Sie drangen angenehm ins Ohr,
wohltuend, heiter und sonor!
Wem fleucht aus weißem Kittel schon
ein warmer, mächt'ger Bari-Ton?
Ging summend er durch alle Gänge,
brach er damit die heilige Strenge!

Wie zwangsweis' es im Leben nötig,
hat er sich vielerorts bestätigt:
Wie schnell kann sich im bunten Leben
plötzlich ein anderer Weg ergeben!
Er hat sich sportlich auch betätigt:
als „TELLERWERFER" – nein, nicht möglich!
Die Dinger kamen nicht zurück,
doch SCHERBEN bringen IMMER GLÜCK!
Dies trieb ihn so mit starken Händen
zu uns und zu Patienten!

Wollt immer er denn Arzt schon werden?
Ach nein?
Er drückt' sich rum an fremden Herden,
die in sehr großen Küchen standen?
Wo Schürzenbänder viel sich fanden?
Kam es auch vor, dass Bier wurd' schal
durch Hang zum Küchenpersonal?
Weil die Bedienung, unser GILBERT,
den FEUERBLICK recht gern „versilbert"?

Noch in ganz andre Richtung orientiert,
hat er mit ZAHLEN rumjongliert!
Sowas mit WIRTSCHAFT und BETRIEB
war ihm also schon immer lieb!

Da heißt es oft, der SCHWABE habe
für die FINANZEN eine Gabe!
Wie findet sich – gut oder schlecht? –
TUNESIENS SCHWABE denn zurecht?

Der Grundstock (Mammon) – Tierreich, „KRÖTEN"
soll ihm niemals die Nerven töten!

Es bleibe alles wohlbemessen
(drum sollten wir hier nicht viel essen),
nur noch ein TOAST zu seinem WOHL!
Ein kleiner Schluck auf jeden Zoll!
Bei seiner Größe fällt nachher
der Heimweg sicher etwas schwer?

Wir könnten ihn fürs FORTGEHN lynchen
und trotzdem alles GUTE wünschen:
ein LEBEN wie bei THURN UND TAXIS –
das alles durch ne volle PRAXIS!

Letzter GRUß – tirili!
Wir vermissen alle Sie!

Letzter WUNSCH – tirilo!
Bittschön bleiben 's halt aso!

TROMMELWIRBEL – große STILLE!
Das war unser letzter Wille!

Ab! – S C H I E T

Ick wünsche nu ooch janz wat Jutet –
wat man von mia nich vemutet –,
in so ne Seelenumschwungslage
kommt so wat Peinlichet zutage,
det jeht nicht
nur dem, der von uns jeht,
an seine Wasserlassorjane –
die Nian –, wie ick wohl richtich ahne.

Wia sind janz froh, wenn keena lacht,
dieweil det viel Sekunden macht –
so täglich Stücka zwee bis achte –,
wat Jötta schon zum Zürnen brachte.

Det is ooch so vollkommen richtich!
Int Siechenhaus is det nich wichtich.
Die Hütte hier is nich zum Johlen,
zum Sammeln bloß von Ruhm und Kohlen!

Wenn da die Seele kommt zu kurz,
det is den Obrigkeiten schnurz!

In diesen Sinne denn goodbye!
Und ... scheun Se bitte keene Mühe,
nachdem wa uns nu kräftig schneuzen,
irjendwann ma uffzukreuzen!

For alle Zeiten frischen Wind!
Det wünscht een Ur-Berlina-Kind!

Alias „Olle Hinzen“

ZUM ABSCHIED EINES „DIKTATORS“

Nu jeht wieda so ’n lieba „Kolleje“
und det soll uns nicht an die Niean jehn?
Ja, so sind nu mal des Schicksal Weje,
wat weg is, kann man nich mehr sehn!
Det is son typischer Fall, „höherer Wille“,
allet so kurz nachenander – det is zu ville!
Imma die Netten müssen vaschwinden,
det muss so ’n Tippherze verwinden.
Mann, wenn wa zurückdrehn die letzten fünf Jahre,
janz schön meliert sind nun MOLINCHENS Haare,
aber stabil – kaum zu jloben – wie Draht,
det weeß eener, der se mal kurz anjefasst hat,
nämlich als der Barbier se janz kurz jeschnitten,
da ham wa mächtich drunter jelitten!
Aba det macht nischt, man weeß ja nie!
Is det vielleicht die Quelle von seine Enerjie?
Schon in de Antike jabs ’n Mann mit Kraftlocken,
der konnte vielleicht seine Umwelt schocken:
Der hat doch – da mussten se alle dran jloben,
’n janzen Palast ausenanderjeschoben!
Wat mein ick denn nu? Na? Wat schon?
Is unser Kleena ooch so ’n Samson?

Eisernen Willen, den hat er bewiesen,
ließ neue deutsche Wörter ersprießen!
Uns hat det jefreut, ja, wirklich, ehrlich,
jeden Tach ’n Band „MOLLI“ war bald unentbehrlich!
Weil er sich ooch so unendlich bemühte,
ham wa jern über Sätze jebrütet!

Jetzt, wo er ’t jeschafft hat – Sendepause,

da fährt er mit Kind und Kejel nach Hause!
Er war immer freundlich, er wird uns fehlen!
Det braucht man janich zu verhehlen!

Nu bloß keene janz dramatische Wende!
Es warten schon viele auf heilende Hände!

Nur GLÜCK, ERFOLG, GESUNDHEIT! – Adios.

Einige nicht glückliche Berliner Amigos!

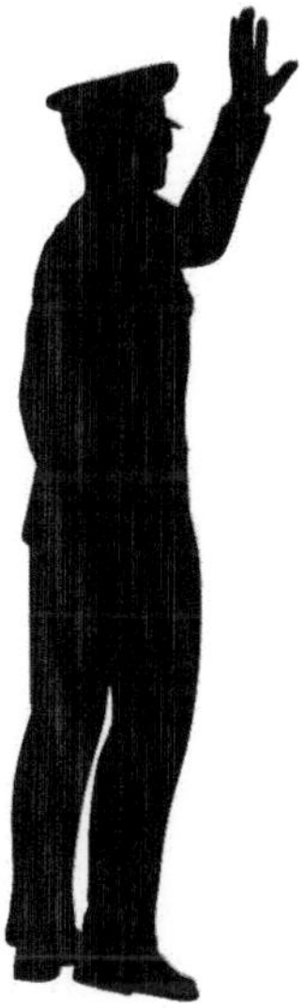

Abschied

Was soll man nach sooo vielen Tagen
der Kollegialität nun sagen?

Die liebe Zeit – jetzt ist sie dran,
von der man wirklich sagen kann:
wohlverdient, nach Wunsch geartet,
gefürchtet – kaum, getrost erwartet!

Beizeiten seinen Kreis gefunden,
heißt überbrückt die Leerlaufstunden.
Ihr, die der Wissenschaft gedient,
hat sie das Rückgrat wohl geschient,
um ganz alleine zu entscheiden,
worunter künftig sie will leiden.
Jedes Doktern sinnlos ist,
sobald's in einem Herzen trist.
Bei Brabi ist es ganz unmöglich,
dass Bruch sie leidet, klein und kläglich!

Nach topkorrektem Arbeitsleben
lasst sie nun nach Vollendung streben
allein im häuslichen Milieu,
da gibt's soo viel, ojemine:
drei Männer, Garten, Haus und Hund –
für frohes Schaffen ein prächtiger Grund!

Nun, da es tatsächlich so weit,
beginnt eine neue, herrliche Zeit:
nämlich die der wirklichen Zeitgestaltung,
nicht die der ständigen Bewusstseinsspaltung

zwischen Privatpflicht und dienstlichem Muss –
mit zweibahnigen Loopings ist jetzt Schluss!

Diese Zeit dient einzig der Lebenserhaltung,
wenn man so will, der Eigenentfaltung.

Vielleicht fällt darunter auch das Surfen,
ohne dabei zu viel Wasser zu schlörfen?
Das wär nicht so gut, ja nahezu peinlich –
nicht weil's nicht genug gibt,
das wäre kleinlich –,
nur: Unsere Seen sind nicht so klar,
wie das früher kein Wunder war.
Eventuell lebt sie noch schneller und toller,
klemmend auf ihrem Motorroller,
denn er konnt' in jüngster Zeit ausgiebig ruhn,
sie hatte anderweitig zu tun!
Ein Teil von ihrem neuen Leben
wird sein ein „Übernstadtringschweben"!
So weit zu ihrer Art von Sport.

Zur Hausgestaltung noch ein Wort:
Wenn einstmals alles ist vollbracht,
was Wohnkomfort nur hat erdacht,
ob dann das Fernweh bald sich rührt,
das sie in Paradiese führt?

Ihr seht, bei dieser flotten Mutter
ist einfach alles noch in Butter!
Mit Trendfrisur aus weißen Fädchen
tarnt sich ein innen junges Mädchen!

Was wünscht man ihr?
Ich denk da halt
zunächst an die Stabilität des Leibes
und dass sie werde ziemlich alt –
doch ohne es zu sein –
mit aller Zähigkeit des Weibes!
Viel ABENDSONNE,
die wohlig wärmt und niemals „sticht“,
damit in sehr, sehr späten Tagen
ihr Abglanz aus dem Auge spricht!!!

19.06.1978

Wir war'n ein Kleeblatt – man kanns sagen –
in schönen wie in schlimmen Tagen.
Vier Blättchen aus der dritten Zelle,
die rauften sich zusammen schnelle,
sie haben frisch drauflosgetippt,
sind ab und zu mal ausgeflippt.

Ein Blättchen fehlt nun – so ein Mist!
Weil's anderswo „vielseitig" ist.
Der Absprung ist ihm doch geglückt,
die andern drei sind ganz bedrückt.
Doch woll'n wir ihm die Chance gönnen –
jetzt kann nach Herzenslust es „rönnen".
Ne Stoppuhr wollte man ihm schenken,
um rationell den Schritt zu lenken.
Durch solchen Job wird keiner fetter,
drum schenken wir auch diesmal Bretter,
von denen Pizzaschmaus nicht schadet,
sofern man sie nicht überladet!

Hoch lebe das Geburtstagskind!
(Wenn wir auch nicht beisammen sind,
wir geben zu, ganz unumwunden,
die Zeit hat uns ganz schön verbunden.)
Doch unser Draht ist nicht gebrochen,
es wird per Telefon gesprochen,
von EKGs in jedem Falle,
die Dinger werden niemals alle!

Wie schade, wenn ein Mitmensch geht,
der zwar im Telefonbuch steht,

jedoch die Zeit ist so bemessen,
dass das, was war, sehr schnell vergessen!

Wir hoffen nun, es gibt nen Weg,
wie trotzdem man ne Brücke schlägt.
Soll etwa die Zwei, Drei, Vier, Neun
in Zukunft einziger Mittler sein???

Alles Gute!

Schallend' Gelächter ist zu hören,
aus VOLMER kommt's, das möcht ich schwören,
obwohl dies keine Schwierigkeit
(kein Zweiter birst vor Fröhlichkeit),
den bald vertrauten Ton zu kennen,
den „Steife“ fälschlich „albern“ nennen.
Es muss bei diesem „Irrsinnslachen“
der trübste Sack ganz schnell erwachen,
wenn dieser Urton markig dröhnt
durch Räume, wo dies sonst verpönt!

Jetzt klagt es dumpf im Geisterton:
„Bald hört ihr's nimmer – wisst ihr's schon?“
Er wird euch körperlich entrückt
(wer ahnt schon, welch ein Alb uns drückt,
wenn bald er uns so ferne weilt,
in nördlicheren Regionen heilt?)
mit seiner „stillen, sanften“ Art,
die vorquillt aus dem Kräuselbart.
Es hilft nichts! Woll'n wir uns bescheiden!
Im Grunde ist er zu beneiden:
Bald eigner Herr – das ist kein Fluch!
Gesuch beim Chef – betrifft: Besuch
des jungen Medikus, der gern
mit RISUS sollte uns beehr'n
im Falle allerhöchster Not –
eh einige gehen vor Trübsinn tot!
Bis dann zum Eintritt dieses Falles
wünscht an Gutem einfach alles!!!

Frau Käthe KLÖDEN,
Berlin, 07.06.1996
geb. am 20. Juni 1936

hat sich in allen Lebenslagen optimal bewährt!
Einem Rennpferd gleich hat sie alle ihr dargebotenen Wassergräben
und Hürden sowie manchen Oxer (Ochsen?) – ohne jede Rücksicht auf
sich selbst – mit der ihr angeborenen stoischen Ruhe, gepaart mit
Durchblick, voller Elan und mit Bravour genommen.
Es ist schon schicksalhaft festgeschrieben, dass sie den nun angebrochenen Lebensabschnitt ohne jede Trauer, sondern in freudiger
Erwartung dessen, was nun noch alles geschehen wird, in altbewährter Manier absolvieren wird. Ich wünsche ihr eine wunderschöne und erfüllte Zeit.

Der tägliche Run um den Lohn ist beendet!
Ganz langsam wird klar:
Ein bedeutendes Blatt im Buch deines Lebens
hat dich zu neuem Bewusstsein gewendet!
Du hast jetzt Zeit – ein immenses Geschenk!
Wenn's dich „schiebt“, sei dessen stets eingedenk!
Bleib stehen, sieh die Blüten, die Gräser, die Bäume!
Nimm dir Zeit, lass dich fallen, gönne dir Träume!
Lass den Vogel sein Lied zu Ende singen,
stör ihn nicht durch den Schritt zu unnützen Dingen!
Du hast getreu deine Pflicht getan,
stelltest dich selbst und dein Wohlsein hintan.
Die MEISTERPRÜFUNG DEINES LEBENS

hast du nicht abgelegt vergebens!
Du hast erworben viel Vertrauen,
auf dich konnt jeder „Halbgott“ bauen!
Dass man dich brauchte, gab dir Kraft,
so hast du alles wohl geschafft.
Doch jetzt genieße, an allem dich freu!
Du hast es verdient – an jedem Tag neu!

Ein Wunsch brennt in der Seele mir:
Du als der Doctores Zier
hast mit Freud’ für sie gerackert,
dich engagiert und flott „gebaggert“ –
und damit ist ab heute Schluss!
Mein Wunsch ist, dass nicht einer
für dich mal tätig werden muss!

ALLES GUTE ZUM RENTNERDASEIN

Die tägliche Hast um die Nahrung beendet,
hat sich dein Lebensblatt günstig gewendet.
Relaxt von den Plagen, die durch Hektik entstanden,
gehörtest du zu jenen Probanden,
die alles brav tun, was der Halbgott verordnet,
damit die Hoffnung nicht werde „ermordet“.
Geturnt, gewässert, bestrahlt, geruht,
wenn’s nur im Augenblick guttut!
Ströme, die den Corpus durchdringen,
konnten nur kurzfristig Hilfe bringen.
Die Knochen verbogen, Scharniere geschwollen,
was könnte da schnell mal helfen sollen?
Und nur Provisorien als Perspektive?
Wenn das deinen Lebenswillen nicht riefe!

Geistig hellwach, gibt sich nicht zufrieden,
wer Lehrgroschen reichlich bezahlt hat hienieden!
Du hast dir die Extremitäten verrenkt,
damit alles am richtigen Platze hängt.
Eins weißt du, jetzt wo du’s endlich geschafft,
dass du nur noch für dich Kapriolen machst!
Genieße die reife, jetzt sonnige Zeit,
atme tief durch, das Herze mach weit
für alle Schönheit (und Freunde) auf Erden,
so könntest du gut hundert Jahre alt werden!

GEFÜHLE

Gefühle

Ich war vom Reimen so besessen
und hab die Liebe fast vergessen!
Sie war für mich die wundervolle,
manchmal schmerzensreiche Rolle.
Doch das Leuchten verlor sie
bis in mein „hohes“ Alter – nie!

Dieses Wunderwerk im Leben
möcht’ ich aber preis nicht geben –
es hat alles mir bedeutet!
Glocken haben auch geläutet.

Aber:
Na ja, gut, egal:
Drum sei‘s!
Etwas geb ich davon preis!

Deine Rosen

Rosen, stolzgeschwellt –
die prallen Knospen
künden wissend das Erleben,
das das höchste auf der Welt!

Alle Liebe, die du schenktest,
wie du dich in mich versenktest,
Empfinden, das in mir erbebte,
in deinen Blicken weiterlebte.

Nun bist du fern –
schon matter sind die Blüten!
Als Pfand der glückerfüllten Stunden
will ich noch lange sie behüten.

In einer Schale aus Kristall
schwebt samt'nes Rot der Blütenkelche.
Wassertropfen – Tränen, Diamantenflut –
erinnern schimmernd an verflossene Glut!

Gute Nacht

Flüsternd sag ich dir gut' Nacht,
schau im Traum dir zu,
schließe deine Augen sacht
mit den Lippen zu.

Wie Sommerwind die Gräser kost,
berühre ich dein Haar,
denke an den Sonnentag,
der so glutdurchdrungen war.

Stille Welt liegt nun behütet,
die Geschöpfe fanden Ruh,
im Hauch der Nacht, im Sternenleuchten,
Liebster, glaub ich, bist nur du!

Heimlich

Heimlich komm ich jetzt zu dir
durch die stille Nacht;
die Geschöpfe geh'n zur Ruh,
doch die Liebe wacht.

Bette mich ganz eng an dich,
habe auf mich Acht,
schließe mir die Augen zu
mit den Lippen sacht.

Wenn ich einmal traurig bin,
halte mich ganz fest,
weil du mich so nah bei dir
alle Zeit vergessen lässt.

Alles wird so klar und leicht,
bekommt tiefen Sinn
und das Glück mir Kronen reicht –
weil ich bei dir bin!

Wind der Nacht

Wind der Nacht, sag ihm sacht,
dass ich an ihn denke,
dass in deinem Rauschen ich
ihm mein Sehnen schenke!

Mildes Licht, du weißt nicht,
wie mir brennt die Seele,
wie vor lauter Sehnsucht ich
all' die Stunden zähle.

Der zum Sturm den Wind befiehlt,
lässt mich so erbeben,
hat mich nur dazu bestimmt,
der Liebe – ihm – zu leben.

1959

Der Mond guckt übers Wolkenkissen,
kein Sternchen ist auf Wanderschaft;
er möcht' sich so allein nicht wissen,
drum leuchtet er mit aller Kraft.

Er sucht die Nähe von uns Menschen,
streckt Strahlenfinger nach uns aus;
auf leisen Sohlen – ungehindert –
schleicht er ums Bett in jedem Haus.

Die Englein lieben ihren Mond,
dieweil er ihre Flüglein schont,
auf jeder breiten Strahlenbahn
auf Engleinspo man rutschen kann!
Genau – zum Räuber seinem Bett,
bei dem man heut' zu wachen hätt.

Heilige Kerzen

Wie eine Blüte zittert meine Seele,
wenn mich umfängt dein Arm, liebkost dein Mund,
wenn deine Lippen Male, ungezählte,
mich rasch und sacht berühren –
in diesem Sturm schließt sich der Erde Rund!

Ich fühle dich – so stark, so warm –
und werde eins mit dir.
Du trägst mein ganzes Seligsein,
zeigst Abgrundtiefen, mir!

Deine Seele spiegelt sich in deinen Augen wider
und mein Erleben schwebt zu dir hinüber:
Niemals erlöschend brennen heilige Kerzen
als Abglanz tiefsten Glücks
für dich in meinem Herzen.

Vertrauen

Ich danke dir für dein Vertrauen,
so zwanglos-locker,
ohne Vorbehalt
tief in dein Innerstes zu schauen!

Dass wie von selbst der Quell der Worte –
der Wegbereiter von Verstehn –
durch die weit aufgetane Pforte,
wann immer du es magst – kann gehn.

Liebe, Stärke, Klarheit, Ruh
werden eins in dem Wort DU.

WUNSCH

Wunsch

Ich wünsche dir, dass du behütet bleibst,
geborgen in der großen Kraft,
die dem, der's will, so oft aufs Neue
in Not die innere Freiheit schafft!

Ich wünsch dir fern der alten Heimat,
dass immer jemand zu dir hält,
dich pflegt, geleitet, wenn du heimgehst
in eine andere, bessere Welt.

Ich wünsche dir für jede Schwäche eine Hand,
dass, wo es sein muss, andere für dich sehn,
und eine Schulter, die dir Halt gibt –
und dass wir uns dann wiedersehn.

Ich wünsch dir, dass du wirst getragen
von Zuneigung, wenn alles schwer dir fällt,
und dass du niemals mögest leiden!
Ich wünsch dir, dass dich Christus hält!

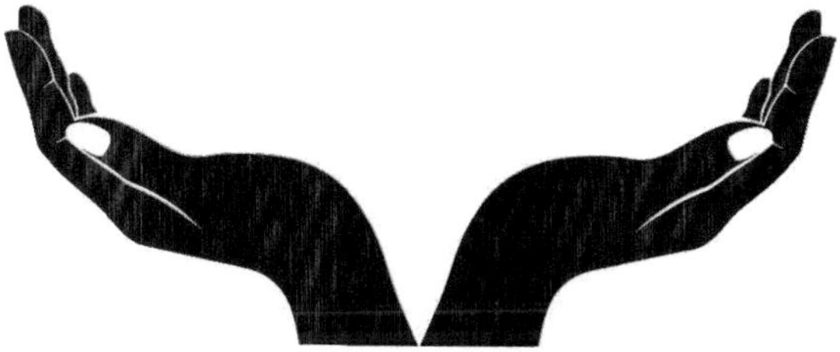